मर्चेंटनेवी

कैडेट से कैप्टेन तक

प्रवीण श्रीवास्तव

Made with ♥ on the Notion Press Platform
www.notionpress.com

क्रम-सूची

प्रस्तावना

बहुत प्रसन्नता के साथ मैं यह पुस्तक उन सभी युवकों के लिए लिख रहा हूँ जो समुद्र के जीवन को देखना ,समझना ,जीना और उसमे आय अर्जित करने की अभिलाषा रखते हैं|

इस पुस्तक में उन युवाओं ,छात्र /छात्राओं को मर्चेंट नेवी में कैरियर बनाने की संपूर्ण जानकारी निहित हैइस पुस्तक को लिखते समय मैं आभारी हूँ अपने माता - पिता का जिनका आशीर्वाद मुझपर हमेशा है |

विशेष तौर पर मैं आभारी व्यक्त करना चाहता हूँ " मुरली कृष्णा सर (मेड इजी कोचिंग इलेक्ट्रिकल फैकल्टी) का जिनके प्रोत्साहन से मैं हमेशा आगे बढ़ता रहता हूँ |

मैं विशेष धन्यवाद देना चाहूँगा "notion press media private limited " का जिन्होंने इस पुस्तक को पाठकों के बीच शीघ्र पहुंचाने में महत्वपूर्ण भूमिका निभाई है |

पाठकों की और से रचनात्मक सुझावों का स्वागत है जिससे की पुस्तक में और सुधार किये जा सकें |

भूमिका

पुस्तक के बारे में :-

इस पुस्तक का उद्देश्य विद्यार्थियों को मर्चेंट नेवी से अवगत कराना है |

यह एक सुनहरा अवसर है जो आपके भविष्य को एक नयी दिशा दे सकता है |

इस पुस्तक में दी गयी जानकारी आपको इंटरव्यू में महत्वपूर्ण भूमिका निभाएगी |

हम आपके उज्जवल भविष्य की कामना करते हैं और आशा करते हैं कि राष्ट्र निर्माण में आपका योगदान हमेसा रहेगा |

लेखक के बारे में :-

प्रवीण इलेक्ट्रिकल इंजीनियर हैं |

अपनी उच्च शिक्षा " इलेक्ट्रिकल एंड इलेक्ट्रॉनिक्स इंजीनियरिंग " में ओउरी करने के बाद इन्होने थर्मल पॉवर प्लांट में अभियंता के रूप में अपनी सेवाएं दी और पिछले कई वर्षों से विभिन्न प्रकार के समुद्री जहाज़ों पर अभियंता के पद पर कार्यरत रहे हैं |

इसके साथ ही इनकी रुचियाँ इंजीनियरिंग कॉलेज में इलेक्ट्रिकल के विषयों जैसे ; नेटवर्क थ्योरम ,पॉवर सिस्टम ,इलेक्ट्रिकल मेज़रमेंट पढ़ाने कि भी है |

कॉलेज के दिनों में इन्होने NCC "C" की डिग्री भी प्राप्त की |

इन्होने " भारतीय राष्ट्रीय अनुसंधान समिति (ISRO)" से " GLOBAL NAVIGATION SATELLITE SYSTEM " तथा " COASTAL OCEAN THROUGH GEO- INFORMATICS" की शिक्षा भी प्राप्त की है |

1

मर्चेंट नेवी - परिचय

अक्सर मुझसे बहुत से लोग , छात्र /छात्राएं ,इंजीनियरिंग ग्रेजुएट्स ये प्रश्न पूछ लेते हैं कि ;

मर्चेंट नेवी क्या है ? यह कैसे काम करती है ?

मर्चेंट नेवी की झलक

क्या हम भी इसका हिस्सा बन सकते हैं ?

समुद्र में रहने वालों का जीवन कैसा होता है ?

इसका हिस्सा बनने के लिए अहर्ताए क्या - क्या हैं ?

कितने दिन समुद्र में रहते हैं ?

भोजन कैसा मिलता है ?

परिवार को क्या साथ घुमा सकते हैं ?

वेतन कितना मिलता है ?

मनोरंजन के क्या साधन होते हैं ? इत्यादि |

ऐसे हजारों प्रश्न मुझे भी आते थे और शायद हर उस व्यक्ति को आते होंगे जो दूर है बड़े शहरों से और एक उज्जवल भविष्य के लिए पढाई कर रहा है |

इस पुस्तक कि भाषा हिंदी है ,जिसका उद्देश्य यह है कि छोटे - से - छोटे गाँव का विद्यार्थी भी इसे सहजता से पढ़ और समझ सके |

क्या आपने कभी सोचा है कि जापान या अमेरिका में बनने वाली यह महँगी गाड़ियाँ भारत की सडकों पर कैसे आ गयीं |

क्या आपने कभी विचार किया कि भारत जैसे जनसँख्या वाले देश में पेट्रोल , डीजल तथा अन्य वस्तुओं की आपूर्ति कैसे होती है ?

ज़रा सोचिये कि चाइना के बने मोबाइल फ़ोन या आई - फ़ोन ये सब एक देश से दूसरे देश कैसे जाते हैं और वहां व्यापार कैसे व्यापार करते हैं ?

ऐसा ही एक प्रश्न 7 वर्ष के बच्चे ने कुछ वर्ष पहले मुझसे किया कि ये टोयोटा कार तो जापान की है फिर ये इंडिया कैसे आ गयी |

अगर हम गौर करें तो पाएंगे कि सिन्धु सभ्यता में गुजरात के लोथल में बंदरगाह (राव , 1987) मिले |

उस समय समुद्री जहाज कुछ 15 * 20 वर्ग मीटर लम्बे और 6 * 8 वर्ग मीटर चौड़े हुआ करते थे |

ये जहाज लकड़ी के बने होते थे पर आज के जहाज इलेक्ट्रिकल ,इलेक्ट्रॉनिक्स ,मैकेनिकल ,नवल आर्किटेक्चर और ओसानोग्राफी का सम्मिश्रण है |

तो हम यह मान सकते हैं कि मर्चेंट नेवी का इतिहास बहुत पुराना है पर आज भी यह जिज्ञासा का विषय बना हुआ है |

आगे इस पुस्तक में आप विभन्न प्रकार के समुद्री जहाजों का विवरण पढ़ेंगे जिससे आपमें मूल समझ पैदा हो सके |

साधारण शब्दों में ," मर्चेंट नेवी वो समुद्री जहाज हैं जो व्यापार के दृष्टिकोण से वस्तुओं का आयत -निर्यात एक देश से दूसरे देश करते हैं |

मर्चेंट नेवी उन तमाम युवाओं / युवतियों को अवसर प्रदान करता है जो अपने जीवन को बेहतर और पहले से अधिक सशक्त देखना और बनाना चाहते हैं |

2

समुद्री जहाजों के प्रकार

विश्व का 95 % से ज्यादा व्यापार इन्ही समुद्री मार्गों से होता है |

क्या आप कल्पना कर सकते हैं कि एक कार - वाहक समुद्री जहाज अपने एक यात्रा में कितने कार ढोता है ? 100 , 500,1000 ....

वास्तविकता में यह अपनी एक यात्रा में 5000 से लेकर 8000 कारों को एक देश से दूसरे देश पहुंचाता है |

इतने ही सामान को दूसरे साधन जैसे वायु या स्थल मार्गों से पहुँचाने में लगभग सैकड़ों साधनों की आवश्यकता होगी |

कंटेनर जहाज की एक झलक

ठीक इसी प्रकार एक कंटेनर शिप में लगभग 2 लाख कंटेनर के साथ यात्रा करता है |

इन कंटेनर शिप्स के इंजन का वजन लगभग 2300 टन तक होता है ,जिनको 1000 गुना ज्यादा इलेक्ट्रिकल पॉवर की जरूरत होती है ,एक कार की तुलना में |

ये बड़े जहाज सिर्फ 18- 20 कुशल लोगों द्वारा संचालित किया जाता है |

इन जहाजों पर उपयोग होने वाले कंप्यूटर काफी एडवांस और प्रेसाइज रूटिंग के होते हैं |

यदि एक 11,000 TEU (twenty Foot Equivalent Unit) जहाज के सभी कंटेनर एक ट्रेन में लोड किये जाए तो ट्रेन की लम्बाई लगभग 44 माइल्स या 77 किलोमीटर तक हो जाएगी |

यदि एक रेफ्रीजेरतेद कंटेनर मलेशिया से लॉस एंजेल्स जाता है जिसकी दूरी लगभग 9,000 माइल्स या 14,484 किलोमीटर है , जहाज इसे मात्र 16 दिन में तय कर लेता है |

आइये हम कुछ जहाजों के बारे में पढ़ते हैं |

जनरल कार्गो वेसल :- यह जहाज जनरल कार्गो को एक बंदरगाह से दूसरे बंदरगाह तक पहुंचाते हैं | जनरल कार्गो में चावल , दाल ,सीमेंट ,बालू इत्यादि हो सकते हैं | जनरल कार्गो जहाजों समुद्री जहाजों को बल्क कैरिअर भी कहते हैं |

ऑइल टैंकर :- इन जहाजों का प्रयोग तेल ,खनिज तेल ,पेट्रोल ,डीजल इत्यादि को एक देश से दूसरे देश पहुँचाने में किया जाता है |

एल. पी .जी. / एल .एन.जी. कैरी कैरीअर :- इन जहाजों से एल .पी. जी. और एल. एन .जी. का स्थानान्तरण किया जाता है |

ऑइल टैंकर और इन जहाजों से जाने वाला कार्गो एक फ्यूल है जिसमे आग लगने की संभावना बहुत ज्यादा होती है | इन जहाजों को आग से बचाने के लिए " INERT GAS SYSTEM " का प्रयोग किया जाता है | जिसमे आग लगने के लिए आवश्यक तत्वों इंधन , ऑक्सीजन एंड ऊष्मा में से ऑक्सीजन को 5 % से कम रखा जाता है जिससे आग लगने की संभावना बहुत कम हो जाती है |

कंटेनर शिप्स :- इन जहाजों में जूते , कपडे इत्यादि सामान जाते हैं | फल ,हरी सब्जियां और महत्वपूर्ण दवाइयों के लिए एक विशेष प्रकार के कंटेनर का प्रयोग किया जाता है जिन्हें " रीफर क्लास कंटेनर " कहते हैं | इन कांतैनेरों में कम तापमान और उचित आर्द्रता पर रक्त , दवाइयां , फल, सब्जियां इत्यादि सुरक्षित

रखे जाते हैं |

प्योर कार / ट्रक कैरिअर :-इन जहाजों का उपयोग ट्रक ,कार इत्यादि के व्यापार में किया जाता है | इनकी कार कैपेसिटी 5,000 से 8,000 तक हो सकती है |

केमिकल टैंकर :- इन जहाजों से केमिकल्स जैसे सल्फुरिक एसिड , HCl , इपोक्सी इत्यादिले जाते हैं | इन जहाजों पर कोटिंग का विशेष महत्व होता है जिससे केमिकल जहाज के साथ कोई रिएक्शन ना करे |

ड्रेजर :- ड्रेजर एक उपकरण है जिसका उपयोग समुद्र के कम गहराई वाले भाग में खनन / खुदाई के उद्देश्य से किया जाता है | इसका उपयोग मुख्यतः कैनाल / पैसेज बनाने में किया जाता है |

पैसेंजर शिप्स :- इन जहाजों में लोग एक देश से दूसरे देशों में घुमने जाते हैं | इनमे यात्रियों की संख्या 1,000 से 5 ,000 तक भी हो सकती है | जिसमे विश्व के बेहतरीन भोजन और मनोरंजन के अनेक साधन उपलब्ध होते हैं |

Carnival , royal Carribean , MSC Cruises कुछ विश्व की प्रमुख पैसेंजर शिप्स में से एक हैं |

टग बोट :- ये छोटे बोट होते हैं जिनका उपयोग जहाज को खीचने या धकेलने के लिए किया जाता है |

संकरे पैसेज में या जो जहाज आगे किसी कारण से नहीं बढ़ पाते उन्हें ये टग बोट खीचने का काम करते हैं |

सिसमिक वेसल :- इन जहाजों का उपयोग सर्वे और रिसर्च के उद्देश्य से किया जाता है | जैसे ऑइल के ड्रिलिंग का स्थान पता करना , हाइड्रो - ग्राफ़िक सर्वे , ओसानोग्राफिक सर्वे , नवल रिसर्च इत्यादि |

जहाज के निर्माण के समय ड्राफ्ट , बीम , ग्रॉस तनेज , लम्बाई , डेड वेट इत्यादि का विशेष ध्यान दिया जाता है |

इस आधार पर पनामा - मैक्स , हैंडी - मैक्स , अफरा - मैक्स , सुएज -मैक्स इत्यादि अन्य प्रकार के समुद्री जहाज होते हैं |

इस पुस्तक में हम इन जहाजों के टेक्निकल डिटेल्स पर नहीं जा रहे हैं , जिससे पाठकों को जहाज की मूल अवधारणा समझने में सहजता हो |

3

डिपार्टमेंट / रैंक /सैलरी

अब आपको यह समझना आसान होगा कि शिप एक जटिल संरचना है | इसके निर्माण से लेकर रख रखाव व संचालन के लिए गुणवत्ता और यथार्थता की आवश्यकता होती है |

इस आधार पर इन जहाजों को बनाने से लेकर ऑपरेशन तक में अनेक डिपार्टमेंट हैं , यहाँ हम इनमे से कुछ ख़ास विभागों के बारे में पढ़ेंगे |

नवल आर्किटेक्चर :- इस विभाग का काम शिप को डिजाईन देना है ,जैसे शिप का वेट ,लम्बाई, प्लिम्सोल लाइन ,ड्राफ्ट , बीम इत्यादि ; जिससे कि जहाज समुद्र में संतुलन बनाये रखे और लोग ,जहाज , वातावरण तीनों सुरक्षित रहें |

नेवीगेटिंग ऑफिसर :- इन ऑफिसरों की ज़िम्मेदारी जहाज को उचित दिशा में सुरक्षित तरीके से ले जाना होता है कि कोई भी दुर्घटना ना हो |

नेविगेशन के लिए एक्स - बैंड रडार , एस - बैंड रडार ,इलेक्ट्रॉनिक चार्ट डिस्प्ले एंड इनफार्मेशन सिस्टम , नेविगेशन लाइट्स इत्यादि की सहायता ली जाती है |

इनके रैंक इस प्रकार हैं :-

कैप्टेन :- ये पूरे जहाज का सबसे बड़ा अधिकारी है ; जिसपर जहाज के सुरक्षित संचालन का मुख्य भार होता है | इसके अलावा कार्गो की सुरक्षा , क्रू से सम्बंधित समस्या और अन्य सभी महत्वपूर्ण ज़िम्मेदारी कैप्टेन की होती है |

चीफ ऑफिसर :- इन्हें शिप सिक्यूरिटी ऑफिसर भी कहा जाता है | कैप्टेन के बाद जहाज पर क्रू की सेफ्टी और कार्गो के रख रखाव की ज़िम्मेदारी इनपर होती है |

सेकंड ऑफिसर :- ब्रिज पर इस्तेमाल होने वाले सभी नेविगेशन उपकरणों का मुख्य अधिकारी सेकंड ऑफिसर होता है |

थर्ड ऑफिसर / असिस्टेंट सेकंड ऑफिसर :- इन ऑफिसर्स की ज़िम्मेदारी एल . एस .ए . (लाइफ सेविंग उपकरण) तथा एफ .एफ. ए . (फायर फाइटिंग उपकरण) का रख रखाव करना है | इसमें लाइफ बोट ड्रिल , लाइफ राफ्ट का इस्तेमाल , फायर फाइटिंग ड्रिल इत्यादि शामिल हैं |

कैडेट :- मूलतः इस रैंक पर कोई ज़िम्मेदारी नहीं होती है | इन्हें जहाज पर अन्य सभी डेक ऑफिसरों के साथ मिलकर काम करना होता है और नेविगेशन के बारे में सीखना होता है जिससे वे भी आगे चलकर एक कुशल नेवीगेटिंग ऑफिसर बन सकें |

जहाज के आकार और प्रकार के आधार पर वेतन में अंतर हो सकता है , लेकिन सामान्यतः एक कैडेट का वेतन रुपया 30,000 / माह से लेकर रुपया 50,000 / माह तक हो सकता है |

इसी प्रकार कैप्टेन का वेतन रुपया 10 लाख / माह से लेकर रुपया 15 लाख / माह तक हो सकता है |

आपको यह जानकर हर्ष होगा कि इन सैलरी पर आपको कोई टैक्स नहीं देना होता और यह सैलरी आपको US डॉलर्स या यूरो (EURO) में मिलती है |

आइये अब हम इंजन डिपार्टमेंट कि तरफ बढ़ते हैं और एक एक करके सभी रैंक के कामों को समझने की कोशिश करते हैं |

मरीन इंजीनियर :- मरीन इंजीनियर को अगर शिपिंग का बैकबोन कहा जाए तो कुछ गलत नहीं होगा |

यह सभी अभियंताओं की ज़िम्मेदारी होती है कि जहाज की सभी मशीने अपनी अधिकतम कुशलता के साथ काम करें |

समुद्र में ऐसी परिस्थितियां होती हैं जो स्थल कि परिस्थितियों से बिलकुल अलग होती हैं |

जैसे कि जहाज का लहर के कारण दाए - बाए झुकना जिसे हम रोलिंग कहते हैं या फिर लहर के कारण जहाज का ऊपर - नीचे होना जिसे हम पिचिंग कहते हैं |

वाइब्रेशन के कारण मशीनों के नट- बोल्ट्स का ढीला हो जाना जिससे की मशीन की परफॉरमेंस पर असर पड़ता है |

सी वाटर का उपयोग हम जहाज का संतुलन बनाये रखने में करते हैं ,इस प्रक्रिया में हम सी वाटर जहाज में और छोड़ते हैं और कई बार यह सी वाटर दूसरे मशीनों पर भी असर डालता है |

इन सभी परिस्थितियों से निपटना एक मरीन इंजीनियर की ज़िम्मेदारी होती है |

जहाज पर नेविगेशन लाइट्स और डेक लाइट्स खुले वातावरण में होते हैं जिनपर बारिश के पानी और समुद्र के खारे पानी का असर पड़ता है तथा लो इंसुलेशन जैसी समस्या का सामना सामान्यतः करना पड़ता है |

इन सब परिस्थितियों में मरीन इंजीनियर की ज़िम्मेदारी है कि वह जहाज के ऑपरेशन को संतुलित बनाये रखे |

जहाज पर मरीन इंजीनियर में सबसे बड़ा रैंक चीफ इंजीनियर का होता है |

चीफ इंजीनियर के साथ के लिए सेकंड इंजीनियर , थर्ड इंजीनियर , फोर्थ इंजीनियर ,रेफ्रिजरेशन इंजीनियर , इलेक्ट्रिकल इंजीनियर , जूनियर इंजीनियर , इंजीनियरिंग कैडेट इत्यादि लोग होते हैं |

चीफ इंजीनियर :- इंजन रूम की सारी ज़िम्मेदारी और सारे काम चीफ इंजीनियर के अनुमति से होते हैं |

चीफ इंजीनियर मुख्य रूप से OWS (oily water Separator) की देख रेख करता है |

OWS एक उपकरण है जो पानी और तेल को अलग करने के लिए इस्तेमाल किया जाता है |

जिससे कि ऑइल से कोई भी मरीन प्रदूषण ना हो |

ऐसा किसी भी परिस्थिति में अनुशरण ना होने पर जुर्माना और जेल का प्रावधान है |

सेकंड इंजीनियर :- चीफ इंजीनियर के बाद दूसरा सबसे बड़ा पद सेकंड इंजीनियर का होता है |

चीफ इंजीनियर कि अनुपस्थिति में सारे कार्यभार सेकंड इंजीनियर देखते हैं |

यह इंजन रूम के सभी मशीनों के लिए ज़िम्मेदार इंजीनियर होते हैं |

थर्ड इंजीनियर :- थर्ड इंजीनियर जहाज के जेनरेटर और बायलर के ऑपरेशन के लिए ज़िम्मेदार इंजीनियर होते हैं |

इसके अलावा सीवेज ट्रीटमेंट प्लांट भी इनके अंडर आता है |

फोर्थ इंजीनियर :- फोर्थ इंजीनियर मुख्य रूप से एयर कंप्रेसर और प्युरिफायर कि देख रेख और मेंटेनेंस करते हैं |

यहाँ यह बात गौर करने की है कि यह ज़िम्मेदारी जहाज की आवश्यकता के अनुरूप बदले जा सकते हैं |

रेफ्रिजरेशन इंजीनियर :- जहाज पर तापमान अनुकूल बनाये रखने के लिए बड़े बड़े एयर कंडीशन होते हैं तथा भोजन बड़े- बड़े फ्रिज रूम में रखे जाते हैं , जिन्हें प्रोविजन रूम कहते हैं |

रेफ्रिजरेशन इंजीनियर एयर कंडीशन और प्रोविजन रूम का रख रखाव देखते हैं |

इलेक्ट्रिकल इंजीनियर :- इलेक्ट्रिकल इंजीनियर जहाज पर सारे इलेक्ट्रिकल उपकरणों की देख रेख के लिए ज़िम्मेदार अधिकारी होता है |

इलेक्ट्रिकल इंजीनियर की ज़िम्मेदारी है कि पावर जेनरेशन से पॉवर ट्रांसमिशन और पॉवर डिस्ट्रीब्यूशन को सतत रूप से बनाये रखे |

इसके अलावा ब्रिज उपकरण जैसे रडार , BNWAS, ECDIS इत्यादि उपकरणों की देख भाल भी इलेक्ट्रिकल इंजीनियर के अन्दर आती है |

नेविगेशनल लाइट्स तथा हाई वोल्टेज सिस्टम का एक स्पेशल कोर्स भी इलेक्ट्रिकल ऑफिसर को करना जरूरी होता है |

क्रूज शिप्स पर इलेक्ट्रिकल इंजीनियर की संख्या 5 से 10 तक होती है ,जबकि अन्य जहाज़ों पर यह संख्या 1 से 2 होती है |

यहाँ यह समझना आवश्यक है कि जहाज के प्रकार और आकार के आधार पर इन इंजीनियरों की संख्या कम या ज्यादा हो सकती है |

एक इंजीनियरिंग कैडेट के सैलरी की बात करें तो रुपया 50 ,000 / माह से रुपया 1,00,000 / माह तक हो सकती है |

जबकि चीफ इंजीनियर की सैलरी रुपया 10 लाख / माह से रुपया 15 लाख / माह तक हो सकती है |

यह वेतन आय -कर से मुक्त होता है |

आने वाले अध्याय में हम जानेंगे कि इन विभागों को ज्वाइन करने की अहर्ताएं और प्रकिया क्या-क्या हैं ?

इंजन विभाग और डेक विभाग के साथ -साथ अगर कुछ सबसे जरुरी है तो वह है जहाज का किचेन , जिसे हम गैली कहते हैं |

गैली डिपार्टमेंट :- गैली डिपार्टमेंट में एक या दो स्टुअर्ड , एक कुक तथा एक चीफ कुक होता है ; जिनका काम जहाज पर क्रू के लिए खाना बनाना होता है |

इनका वेतन रुपया 1 लाख / माह से रुपया 5 लाख / माह तक होता है |

क्रूज शिप्स में स्टुअर्ड और कुक की संख्या ज्यादा हो सकती है |

"मर्चेंट नेवी एक निजी संस्थान है जो कि अप्रवासी भारतीय (NRI) का दर्जा देती है | "

4

भारत में मर्चेंट नेवी की प्रमुख संस्थाएं

यह अध्याय इस पुस्तक के सबसे महत्वपूर्ण अध्यायों में से एक है |

ऐसा इसीलिए है क्यों कि किसी भी मर्चेंट नेवी संस्थान का नाम किसी अखबार या सोशल मीडिया देख लेने से और वहा एडमिशन ले लेने से आप " सीमैन " या " मरीनर " नहीं बन सकेंगे |

वास्तव में इस पुस्तक को लिखने के मूल उद्देश्यों में से ये बात भी शामिल है कि छोटे - से- छोटे स्थान पर रहने वाला युवा या युवती मर्चेंट नेवी के आधारभूत जीवन प्रणाली को समझ सके और किसी भी धोखे में फसकर अपना भविष्य ना बर्बाद कर बैठे |

दुर्भाग्य से , हमारे देश में ऐसे बहुत से आर्गेनाईजेशन काम कर रहे हैं जो कि मर्चेंट नेवी में नौकरी दिलाने के नाम पर कैंडिडेट से लाखों रुपया ले लेते हैं और नौकरी नहीं देते |

आइये , हम कुछ उदाहरणों से समझने की कोशिश करते हैं ;

हमारे मित्र जो कि फिलहाल उत्तर प्रदेश में उप - निरीक्षक के पद पर कार्यरत हैं ,उनके भाई का सिलेक्शन मर्चेंट नेवी हुआ |

उन्होंने सिलेक्शन लैटर मुझे भेजा जिसमें कुछ बातें समझने योग्य हैं , जैसे कि :-

पत्र में किस कोर्स के लिए या फिर कहें किस रैंक के लिए सिलेक्शन हो रहा है , इसका कोई उल्लेख ना होना |

पत्र में केवल STCW कोर्स का उल्लेख करना | इस कोर्स के बारे में हम आने वाले अध्याय में पढ़ेंगे |

सिलेक्शन पत्र में लिखना " **Selection will be based on candidate performance and budget** "

बजट शब्द का स्पष्ट अर्थ है कि कोर्स होने के बाद आपको जहाज ज्वाइन करने या वीजा अप्लाई करने या अन्य खर्चे देने पड़ेंगे एजेंट को |

जो कि बहुत ही गलत तरीका है |

भारत सरकार भी इन चीज़ों को रोकने हमेसा से प्रयासरत रही है |

अक्सर मुझे कॉल आते हैं कि किसी संस्थान में मेरा सिलेक्शन हुआ है प्री -सी ट्रेनिंग के लिए और अब वह 1 लाख / 2 लाख / 4 लाख मांग रहे हैं |

यह बात सत्य है कि प्री - सी ट्रेनिंग के लिए कोर्स फी है जो कि कैंडिडेट ही देगा लेकिन यहाँ यह बात भी देखना है कि क्या सिलेक्शन करने वाला इंस्टिट्यूट डी.जी .शिपिंग से मान्यता प्राप्त है या फिर नहीं |

आपका सिलेक्शन किस कोर्स के लिए हुआ है |

बहुत सी फ्रॉड संस्थाएं ट्रेनिंग के नाम पर मोटी रकम बच्चों से लेलेती हैं और एक महीने के बेसिक कोर्स (STCW) कराकर पैसे ले लेते हैं |

ऐसी ही एक घटना का मुझे पता लगा जहां हरियाणा राज्य के निवासी जो कि SPG (Special Protection Group) में कार्यरत हैं |

उनके बेटे का सिलेक्शन ऐसे ही किसी संस्थान में हुआ जहां सिर्फ बेसिक (STCW) कोर्स कराया गया |

मैं यह सुनकर हैरान हो गया कि इस कोर्स के लिए उनसे 4 लाख रुपया लिए गये जबकि वास्तव में इस कोर्स कि कीमत 20 ,000 रुपया के आस - पास होती है |

ये पहला धोखा था जिसमें ये फसे थे |

इसके बाद जहाज पर जाने के लिए इनसे पैसे तो नहीं लिए गए लेकिन जहाज से आने पर दुबारा जहाज पर जाने के लिए 2 .5 लाख रुपया फिर मांगे गए |

इस घटना का मेरे पास कोई संतोष जनक प्रमाण तो नहीं पर ऐसे बहुत से बच्चों और उनके माता - पिता से इन घटनाओ का पता चलता है |

पैसों की कहानी या तो चलती रहती है या फिर सारे पैसे डूब जाने के बाद हाथ ना ही कोई एक्सपीरियंस लैटर लगता है ना ही पैसा : बस हाथ आता है तो मायूसी और अफसोस |

हम सभी को यह बात समझनी होगी कि आप जीवन में कुछ भी करें ; आप चीज़ों को पता करने की कोशिश करें , पढने की आदत डालें |

आपको यदि शिपिंग लाइन में आना है तो आप सबसे पहले शिपिंग के ऑफिसियल वेबसाइट को देखें , उसे पढ़े , उसे समझने का प्रयास करें ; ना कि किसी भी संस्थान के चक्कर लगाने लगें |

भारत सरकार की ऑफिसियल वेबसाइट " www.dgshipping.gov.in " पर आपको सभी कोर्स के बारे में तथा अन्य बहुत सी जानकारी मिलेंगी |

मर्चेंट नेवी ज्वाइन करने के लिए आवश्यक कोर्सेज तथा STCW कोर्सेज के बारे में विस्तृत चर्चा हम आने वाले अध्यायों में करेंगे |

यहाँ संभव नहीं कि सभी मर्चेंट नेवी के संस्थानों के नाम बताये जा सकें |

यहाँ हम भारत के कुछ प्रतिष्ठित संस्थानों के नाम पढेंगे जिन्हें " राष्ट्रीय मूल्यांकन एवं प्रत्यायन परिषद् (NAAC) " द्वारा उच्च दर्जे की गुणवत्ता प्राप्त है |

इनमे से कुछ संस्थान इस प्रकार हैं :-

1 :- एंग्लो -ईस्टर्न मेरीटाइम अकादमी ; महाराष्ट्र

2:- ग्रेट ईस्टर्न इंस्टिट्यूट ऑफ़ मेरीटाइम स्टडीज ; महाराष्ट्र

3:- तोलानी मेरीटाइम इंस्टिट्यूट ; महाराष्ट्र

4 :- समुद्रा इंस्टिट्यूट ऑफ़ मेरीटाइम स्टडीज ; महाराष्ट्र

5 :- इंटरनेशनल मेरीटाइम इंस्टिट्यूट ; नॉएडा

6:- वेल्स अकादमी ऑफ़ मेरीटाइम स्टडीज ; चेन्नई

7 :- महाराष्ट्र अकादमी ऑफ़ नवल एजुकेशन एंड ट्रेनिंग ; महाराष्ट्र

8:- इंस्टिट्यूट ऑफ़ टेक्नोलॉजी एंड मरीन इंजीनियरिंग ; कोल्कता

9:- बी .पी. मरीन अकादमी ; नवी मुंबई

10 :- टी. एस . रहमान ; मुंबई

11:- इंडियन मेरीटाइम यूनिवर्सिटी ; चेन्नई

12:- कोयम्बटूर मरीन कॉलेज ; कोयम्बटूर

इन संस्थानों में अनुभवी अध्यापक तथा उच्च दर्जे की प्रयोगशाला ,वर्कशॉप इत्यादि देखने को मिलते हैं |

ये संस्थान शिप विजिट भी कराते हैं जिससे कि कैडेट्स अपने प्री - सी के दौरान ही शिप से परिचित हो सकें |

इन संस्थानों कि सबसे महत्वपूर्ण बात यह है कि ये संस्थान ट्रेनिंग के साथ -साथ स्पॉन्सरशिप भी देते हैं जिससे कैडेट्स को जहाज ज्वाइन करने में काफी

अच्छा मार्गदर्शन मिलता है |

इन सभी संस्थानों के ऑफिसियल वेबसाइट पर जाकर आपको अन्य सभी जानकारी मिलेगी |

5

युवतियों के लिए मर्चेंट नेवी में सुनहरे अवसर

क्रूज शिप पर कार्यरत महिलाएं

नव युवतियां जो ज्वाइन करना चाहती हैं मर्चेंट नेवी ,जो आँखों से देखना चाहती हैं सागर की विशालता को , जो सफ़ेद वर्दी पहनने की ख्वाहिश रखती हैं और जो कठीन परिश्रम और और मजबूत इच्छाशक्ति के साथ अपने सपनों को पूरा करना चाहती हैं , यह अनंत अवसर उनके लिए है |

एक मरीनर बनना आसान नहीं होता , परन्तु यह स्त्री और पुरुष दोनों के लिए समान रूप से कठीन है |

मेरीटाइम इंडस्ट्री शुरुआत से ही पुरुष प्रधान इंडस्ट्री रही है परन्तु आज स्थिति अलग है |

आज यह इंडस्ट्री युवतियों को अनेक सुनहरे अवसर प्रदान कर रही है |

इंटरनेशनल मेरीटाइम आर्गेनाईजेशन (IMO) के एक डेटा के अनुसार , विश्व के मेरीटाइम इंडस्ट्री में महिलाओं की भागीदारी 2 % की है ; जिसमे से 1 % महिलाएं भारतीय हैं |

वर्ष 2017 में , इंटरनेशनल वीमेन सीफरेर फाउंडेशन (IWSF) का निर्माण किया गया जिसका उद्देश्य युवतियों को सुझाव देने और मर्चेंट नेवी में उनके लिए रोजगार के अवसर प्रदान करना है |

मेरीटाइम डे , 2019 का थीम था " एम्पावेरिंग वीमेन इन मेरीटाइम कम्युनिटी " जिसका उद्देश्य ना केवल लैंगिक समानता को दर्शाना था बल्कि महिलाओं के योगदान को मेरीटाइम फील्ड में प्रकाशित करना भी था |

भारत में भी , डायरेक्टर जनरल ऑफ़ शिपिंग ऐसे अनेक प्रोग्राम चला रहे हैं जिससे की युवतियां मेरीटाइम फील्ड में अपना भविष्य बनाएं |

इसके लिए अनेक प्रकार की छात्रवृति प्रदान की जा रही है तथा मैटरनिटी के समय आर्थिक सहायता और अवकाश प्रदान कर रही है |

अगर भविष्य की बात करें तो शिपिंग लाइन में महिलाओं की भागीदारी तेज़ी से बढ़ रही है |

यह संख्या सिर्फ ऑफ - शोर ही नहीं बल्कि ओं - बोर्ड भी बढ़ रही है |

महिलाएं लोजिस्टिक्स में , शिप्स वर्कशॉप में , पोर्ट अथॉरिटी में , हारबर डिपार्टमेंट इत्यादि में जा रही हैं |

वे डेक ऑफिसर बनकर कैप्टेन या फिर इंजीनियरिंग पूरी करके चीफ इंजीनियर भी बन सकती हैं |

आइये हम ऐसे ही कुछ प्रतिष्ठित भारतीय मर्चेंट नेवी महिलाओं के नाम देखते हैं :-

कैप्टेन राधिका मेनन :- शिपिंग कारपोरेशन ऑफ इंडिया , जून 22 ,2015 को आप जहाज " संपूर्ण स्वराज " पर कैप्टेन थीं |

इन्होने देखा कि खराब मौसम के कारण एक मछुवारा नाव लहर में फास गया है |

आपने बिना देरी किये अपनी सूझ - बूझ से अपनी शिप को नाव कि तरफ मोड़ा |

खराब मौसम होने के बावजूद इन्होने अद्भुत लीडरशिप और टीम समन्वय दिखाते हुए सभी 15 मछुवारों को बचा लिया | ये मछुवारे पिछले सात दिनों से फसे थे |

इनके इस अदम्य साहस के लिए इन्हें " Exceptional Bravery at Sea Award by IMO " से नवाज़ा गया |

पूनम देवंगन :- पूर्व सीफरेर , " वरुणा अवार्ड से सम्मानित " |

सरवनी मिश्र :- ये भारतीय फ्लैग जहाज पर प्रथम महिला इंजीनियर थीं |

रेशमा निलोफर नाहा :- आप प्रथम भारतीय महिला मरीन पायलट हैं }

हम सलाम करते हैं इन सभी महिलाओं को और आशा करते हैं कि नयी पीढियां इनके पद - चिन्हों पर आगे कार्य करेंगी |

6

विभिन्न पदों के लिए अहर्ताएं और परीक्षा

इस अध्याय में हम मर्चेंट नेवी के पदों को दो भागों में बाटेंगे - ऑफिसर और क्रू |

क्रू डेक , इंजन ,गैली, सिक्यूरिटी सभी विभागों में होते हैं ठीक वैसे ही हर विभाग में ऑफिसर वर्ग भी होता है |

आइये हम यहाँ पहले डेक और इंजन डिपार्टमेंट के क्रू को देखते हैं :-

इंजन डिपार्टमेंट में क्रू :-

ट्रेनी वाइपर

वाइपर

फर्स्ट मोटरमैन

सेकंड मोटरमैन

फीटर इत्यादि

डेक डिपार्टमेंट में क्रू :-

ट्रेनी आर्डिनरी सीमैन

आर्डिनरी सीमैन

एबल सीमैन

बोसन इत्यादि |

डेक साइड में ट्रेनी आर्डिनरी सीमैन के पद पर भर्ती होती है फिर पद्दोन्नती के बाद बोसन रैंक तक जाते हैं |

ठीक वैसे ही इंजन साइड में ट्रेनी वाइपर पर भर्ती होती है और मोटरमैन तक जाते हैं |

फीटर बनने के लिए ITI की डिग्री का होना आवश्यक है |

आइये अब हम कोर्सेज के बारे में एक -एक करके समझते हैं :-

जी .पी. रेटिंग :- उपरोक्त सभी पदों के लिए 10 वीं उत्तीर्ण होना आवश्यक है जिसमें 40% से ऊपर मार्क्स तथा गणित , साइंस और अंग्रेज़ी विषयों का होना आवश्यक है |

आयु सीमा 18 से 25 वर्ष तक मान्य है |

इस कोर्स की प्री -सी अवधि 6 माह है और फिर ओं -बोर्ड ट्रेनिंग होती है | यहाँ यह बात उल्लेखनीय है कि सभी ओं - बोर्ड ट्रेनिंग में वेतन मिलता है |

इस कोर्स की भारत में फीस लगभग 2.5 लाख है ,जिसमें ट्यूशन फीस , ट्रेनिंग फीस , एकोमोडेशन फीस , यूनिफार्म फीस , अन्य सभी प्रकार की फीस सम्मिलित होती है |

यदि फीटर ट्रेड में ज्वाइन करना है तो ITI फीटर ट्रेड में होना आवश्यक है |

कुछ संस्थान सिलेक्शन लेने के लिए लिखित परीक्षा भी लेते हैं जिसमें आपसे गणित , सामान्य अध्ययन , रीजनिंग , अंग्रेजी भाषा के साधारण प्रश्न पूछे जा सकते हैं |

इंटरव्यू के लिए आपको इंस्टिट्यूट में बुलाया जायेगा जहाँ आपसे आपका परिचय , फैमिली बैकग्राउंड तथा मर्चेंट नेवी ज्वाइन करने के कारण पूछा जा सकता है |

ध्यान रखें आप एक अन्तर्राष्ट्रीय सगुद्री जहाज का भाग बनने जा रहे हैं जहाँ अनेक देशों के लोग होंगे इसलिए इंटरव्यू में अंग्रेजी भाषा का ही प्रयोग करें |

इस रैंक पर वेतन रुपया 20 ,000 / माह से लेकर रुपया 2,00,000 / माह तक जा सकता है |

यह लेखक कि निजी सलाह है कि जो बच्चे पढने में ठीक हैं और जो युवतियां शारीरीक रूप से मजबूत नहीं हैं वे 12 वीं के बाद ऑफिसर के रूप में मर्चेंट नेवी ज्वाइन कर सकते हैं |

अब एक प्रश्न यह आता है कि क्या मैं जी.पी.रेटिंग करने के बाद ऑफिसर पद पर ज्वाइन कर सकता हूँ ?

उत्तर है :- हाँ |

इसके लिए योग्यताएं और अनुभव समय के अनुसार बदलती रहती हैं |

वर्तमान में इसके लिए 36 माह से ज्यादा का ओं - बोर्ड अनुभव होना आवश्यक है |

परीक्षा के लिए आपको UK में 6 माह का कोर्स करना होगा फिर COC (Certificate of competency) लेकर आप जहाज ऑफिसर के तौर ज्वाइन कर सकते हैं |

डेक ऑफिसर्स के लिए अहर्ताएं :- डेक ऑफिसर बनने के लिए 12 वीं में आपका भौतिक विज्ञान , रसायन विज्ञान ,गणित और अंग्रेजी विषयों का होना आवश्यक है |

पी. सी . एम . में 60 प्रतिशत से अधिक अंक तथा अंग्रेजी विषय में 50 प्रतिशत से अधिक अंक का होना आवश्यक है |

निर्धारित आयु सीमा 18-24 वर्ष है |

अगर कोर्सेज की बात करें :-

HND :- इसका कोर्स का नाम हायर नेशनल डिप्लोमा है |

यह कोर्स 6 माह इंडिया में फिर 6 माह यू .के . से करना पड़ता है |

यह कोर्स काफी महंगा होने के कारण भारत में प्रचलित नहीं है |

DNS :- डिप्लोमा इन नॉटिकल साइंस |

सभी कॉलेज वर्ष में दो बैच का आचरण करते हैं |

स्पॉन्सरशिप के लिए विभिन्न कंपनियां परीक्षा लेती हैं |

जिसमे आपसे भौतिक विज्ञान , रसायन विज्ञान , गणित , अंग्रेजी , सामान्य ज्ञान और रीजनिंग के प्रश्न पूछे जाते हैं |

इसके बाद आपको इंटरव्यू के लिए इंस्टिट्यूट में बुलाया जाता है |

इंटरव्यू में चयनित होने के बाद मेडिकल की कार्यवाही शुरू होती है |

मेडिकल सभी पदों के लिए आवश्यक है ,इसलिए मेडिकल मानक की चर्चा हम आने वाले अध्याय में करेंगे |

"यहाँ यह बात समझना आवश्यक है कि यदि आप मेडिकल मानक पर खरे नहीं उतारते हैं तो आपका चयन नहीं हो सकेगा , चाहे आपका लिखित और इंटरव्यू में बहुत अच्छे अंक आये हों |"

अब आपको IMU-CET का फॉर्म भरना होता है और वह आपका एक लिखित परीक्षा लेंगे |

यहाँ पर गौर करने वाली बात यह है कि अगर आपका रैंक 300 तक है तो आपका डी .एन . एस . कोर्स मात्र रुपे 2.5 लाख तक में हो जायेगा ; अन्यथा इस कोर्स का का खर्च 6 लाख भारतीय रुपया तक जा सकता है |

अगर कोर्स ज्वाइन करने तक आपके पास किसी कंपनी का स्पॉन्सरशिप नहीं है तो घबराएं ना |

कोर्स के दौरान अनेक कंपनियां इंस्टिट्यूट में आएँगी , जहाँ आपके चयन की संभावनाएं होती हैं और सामान्यतः चयन हो जाता है |

बी.एस.सी . इन नॉटिकल साइंस :- इस कोर्स कि अवधि 24 माह प्री -सी और 12 माह ऑन- बोर्ड ट्रेनिंग है |

ऑन- बोर्ड ट्रेनिंग के दौरान कैडेट को वेतन मिलता है |

यदि IMU-CET में अची रैंक है तो कोर्स 8-9 लाख में पूरा हो जायेगा | आयु सीमा 18- 24 वर्ष मान्य है |

"भारत में अधिकतर लोग डी.एन.एस. कोर्स करके डेक ऑफिसर में आना पसंद करते हैं|"

गैली डिपार्टमेंट :- गैली में कुक बनने के लिए बहुत से इंस्टिट्यूट हैं जो कोर्सेज कराते हैं |

जैसे सी.एम.इ.टी., लखनऊ ; टी.एस. रहमान इत्यादि |

आयु सीमा सामान्यतः 25 वर्ष तक होती है | अगर कुक का अनुभव 5 स्टार या 4 स्टार होटल का है तब भी आप कुक के तौर पर जहाज ज्वाइन कर सकते हैं |

इसके अलावा डिफेन्स के रिटायर हो चुके कुक भी आपको जहाज पर देखने को मिल सकते हैं |

सिक्यूरिटी डिपार्टमेंट :- सिक्यूरेटी डिपार्टमेंट मर्चेंट नेवी का एक गहत्वपूर्ण विभाग है |

सिक्यूरिटी पर्सनेल कि संख्या क्रूज जहाजों पर सबसे अधिक होती है |

इन डिपार्टमेंट को आर्मी , नेवी, वायु सेना , अर्ध सैनिक बल तथा राज्य पुलिस से रिटायर कर्मचारी सीधे ज्वाइन कर सकते हैं |

इसके अलावा जिन लगों को न्यूनतम 2 वर्ष का अनुभव हो एविएशन सिक्यूरिटी या किसी प्रतिष्ठित होटल या संस्थान में वे भी सिक्यूरिटी डिपार्टमेंट ज्वाइन कर सकते हैं |

अब बात सिक्यूरिटी की हो और NCC (National Cadet Corps) की बात ना हो , ऐसा संभव नहीं है |

NCC कैडेट्स की कोई सीधी भर्ती तो नहीं है पर वे एविएशन में 2 वर्ष का सिक्यूरिटी में अनुभव लेकर या ऐसे ही किसी प्रतिष्ठित संस्थान का अनुभव लेकर फिर मर्चेंट नेवी ज्वाइन कर सकते हैं | अब उन्हें अन्य कैंडिडेट की तुलना में वरीयता दी जायेगी |

इंजीनियरिंग डिपार्टमेंट :- इंजीनियरिंग डिपार्टमेंट ज्वाइन करने के लिए कैंडिडेट की इंजीनियरिंग में स्नातक की डिग्री होना आवश्यक है |

यह डिग्री मैकेनिकल इंजीनियरिंग या इलेक्ट्रिकल इंजीनियरिंग ,इलेक्ट्रिकल एंड इलेक्ट्रॉनिक्स इंजीनियरिंग , इंस्ट्रूमेंटेशन इंजीनियरिंग , इलेक्ट्रॉनिक्स इंजीनियरिंग में होना आवश्यक है |

न्यूनतम 55 प्रतिशत अंक स्नातक में होना भी आवश्यक है |

जिन इन्जिनिअर्स ने मैकेनिकल इंजीनियरिंग में डिग्री (बी.टेक / बी. ई .) किया है वे ट्रेनिंग संस्थान के ऑफिसियल वेबसाइट पर जाकर GME (Graduate in marine engineering) के लिए अप्लाई कर सकते हैं |

इलेक्ट्रिकल इंजीनियरिंग ग्रेजुएट्स ETO (Electro- techno officer) कोर्स के लिए अप्लाई कर सकते हैं |

इन कोर्स में एडमिशन के लिए लिखित ऑनलाइन परीक्षा देनी होती है |

जिसमें प्रथम प्रश्न पत्र में सामान्य अंग्रेजी , गणित और रीजनिंग के प्रश्न पूछे जाते हैं और द्वितीय प्रश्न पत्र में आपसे आपके ब्रांच के तकनीकी प्रश्न किये जायेंगे |

दोनों परीक्षाओं में उत्तीर्ण होने के बाद आपका मनोविज्ञान की परीक्षा होगी | जिसे क्लियर करना आवश्यक होता है |

इन सबके बाद आपको इंटरव्यू के लिए संस्थान में बुलाया जाएगा , जहाँ आपसे टेक्निकल प्रश्न और मर्चेंट नेवी करने ज्वाइन करने के कारण पूछे जाते हैं ?

आने वाले अध्याय में हम कुछ जनरल इंटरव्यू के प्रश्नों को कवर करने कि कोशिश करेंगे ?

इंटरव्यू क्लियर होने के बाद आपको मेडिकल के लिए भेजा जायेगा |

मेडिकल क्लियर होने के बाद आप प्री - सी कोर्स में एडमिशन ले सकते हैं |

7

STCW और मेडिकल मानक

सबसे पहले हम यहाँ मेडिकल मानकों की चर्चा करेंगे |

यदि आप मर्चेंट नेवी ज्वाइन करना चाहते हैं तो आपको शारीरीक और मानसिक रूप से स्वस्थ होना बहुत ही आवश्यक है |

जिससे की आपको सी सर्विस के दौरान कोई समस्या ना हो |

सभी परीक्षाओं को बेहतरीन तरीके से उत्तीर्ण करने के बावजूद यदि आप स्वस्थ नहीं हैं तो आप मर्चेंट नेवी का हिस्सा नहीं बन सकेंगे |

डायरेक्टर जनरल ऑफ़ शिपिंग ने मेडिकल के लिए कुछ मानक निर्धारित किये हुए हैं , जिसकी चर्चा हम आगे इस अध्याय में करेंगे |

डी.जी.शिपिंग के वेबसाइट पर आपको सभी स्वीकृत डॉक्टरों के नाम देखा जा सकता है |

ये डॉक्टर प्री -सी मेडिकल, एम .एम. डी . परीक्षा के लिए मेडिकल और कंपनियों के लिए मेडिकल टेस्ट करते हैं |

भारत के सभी राज्यों में ये डॉक्टर्स उपलब्ध हैं |

यह डॉक्टर्स मेडिकल टेस्ट करते हैं और मर्चेंट नेवी ज्वाइन करने के लिए आवश्यक सर्टिफिकेट्स भी प्रदान करते हैं |

आइये हम एक- एक करके मेडिकल प्रकिया को समझते हैं ;

लम्बाई और वजन :- जिन पुरुषों का वजन 42 किलोग्राम से कम और लम्बाई 150 सेंटीमीटर से नीचे है उनका चयन नहीं होगा |

सीने का फुलाव सामान्य होना चाहिए न्यूनतम 5 सेमी के फुलाव के रेंज में |

महिलाओं के लिए ये मानक 145 सेमी लम्बाई और 39 किलोग्राम वजन है |

कंकाल प्रणाली :- हड्डियों में कोई भी इन्फेक्शन या हड्डियों को कोई नुक्सान नहीं होना चाहिए |

सीने का फुलाव सामान्य होना चाहिए |

नॉक नी , फ्लैट फीट , फ्रैक्चर इत्यादि नहीं होना चाहिए |

कान , नाक, गला :- किसी भी कान में सुनने से सम्बंधित कोई समस्या नहीं होनी चाहिए |

5 मीटर की दूरी की फुसफुसाहट भी सुनने के कान योग्य होना चाहिए |

नाक कि हड्डी में कोई बिमारी नहीं होना चाहिए |

गले में टोंसिल , गम्स या इन्फेक्शन नहीं होना चाहिए |

लिम्फेटिक और कार्डियावैस्कुलर सिस्टम :- गले या शरीर के किसी अन्य भाग में सूजी हुयी ग्रंथि नहीं होनी चाहिए |

भूत में कार्डिया से सम्बंधित बीमारी भी नहीं होनी चाहिए |

रेस्पिरट्री , डायबेटिक्स सिस्टम :- रेस्पिरेटरी भाग में कोई भी दीर्घ कालिक बीमारी नहीं होनी चाहिए |

टी.बी. का कोई पुराना इतिहास नहीं होना चाहिए |

पाचन तंत्र , लीवर तथा किडनी बिलकुल स्वस्थ होने चाहिए |

नज़र और त्वचा :- कैंडिडेट की दोनों आँखों में सामान्य दृष्टि हो |

आँखें सभी दिशाओं में घूम सकें |

प्यूपिल सामान्य व्यवहार करे प्रकाश की उपस्थिति में |

डेक साइड के लिए दृष्टि की मांग :- 6 /6 बेहतर आँख में |

6/9 दूसरी आँख में | (बिना दृष्टि सहायता के)

रंग - अन्धता स्वीकार नहीं है |

इंजन साइड में चश्मे का प्रयोग स्वीकृत है |

इंजन साइड में दृष्टि की मांग :-

6/9 बेहतर आँख में |

6/18 दूसरी आँख में |

या

6/12 दोनों आँखों में (बीना दृष्टि सहायता के)

यहाँ यह बात उल्लेखनीय है कि LASIK सर्जरी मर्चेंट नेवी में मान्य है |

Lasik सर्जरी एक सर्जिकल प्रक्रिया है जिसकी मदद से डॉक्टर आपकी आँखों से चस्मा हटाने या आँखों में होने वाली बीमारियाँ जैसे कि मायोपिया , हाईपरोपिया

आदि को ठीक करते हैं |

इस सर्जरी के अंतर्गत नेत्र में प्राकृतिक क्रिस्टल लाइन लेंस के सामने कृत्रिम एम्प्लोय टेबल कांटेक्ट लेंस रखा जाता है |

भारत में LASIK सर्जरी का कुल खर्च लगभग 40,000 rs. से लेकर 80,000 rs. है

त्वचा में कोई इन्फेक्शन नहीं होना चाहिए |

प्रकृति में अस्थायी रूप से इन्फेक्शन मान्य हो सकते हैं |

ILO मेडिकल :- इंटरनेशनल लेबर आर्गेनाईजेशन ने कुछ मानक तय किये हैं मेडिकल को लेकर क्युकी एक सीफरेर अन्तर्राष्ट्रीय सीमाओं में जाता है तो कुछ अन्य टेस्ट भी किये जाते हैं |

जैसे कि " ड्रग एंड अल्कोहल टेस्ट " इत्यादि |

ILO मेडिकल ऑन- बोर्ड होने से पहले किया जाता है |

प्री -सी कोर्स ज्वाइन करने के लिए इस मेडिकल टेस्ट कि जरुरत नहीं होती है |

येलो फी वर :- येलो फीवर मच्छरों द्वारा फैलने वाली बीमारी है |

इसमें पीलिया तथा तीव्र बुखार हने के साथ साथ शरीर पीला पड़ जाता है |

इसलिए सभी सीफरेर को येलो फीवर का टीका लेना आवश्यक होता है |

यह टीका सिंगल डोज का होता है |

इसके बिना मेडिकल परीक्षा क्लियर नहीं किया जा सकता है |

फ्लैग स्टेट मेडिकल :- अलग -अलग देशों में संभव है कि मेडिकल पुनः कराना पड़े | ये वहां की सरकारें तय करती

हैं | जैसे ;

बहामा फ्लैग स्टेट मेडिकल

रिपब्लिक ऑफ़ लाइबेरिया मेडिकल

मेरीटाइम एंड पोर्ट अथॉरिटी मेडिकल , सिंगापुर इत्यादि |

आइये इस अध्याय के अगले भाग STCW को समझते हैं :-

आप शायद सोच रहे हो कि इतना ज्यादा मेडिकल टेस्ट किसलिए !!!

इसका कारण यह है कि एक सीफरेर चाहे वह इंजीनियर हो या डेक ऑफिसर कठीन समय के लिए तैयार रहना आवश्यक है |

STCW वह ट्रेनिंग है जिसमें आपको यह सिखाया जाता है कि प्रतिकूल परिस्थितियों में क्या करना है , टीम समन्वय और स्वयं की क्या ज़िम्मेदारी है विषम परिस्थितियों में |

STCW का पूरा नाम "Standards of training , Certification and Watchkeeping for Seafarers " है |

इस अध्याय में हम कुछ सुरक्षा ट्रेनिंग के बारे में समझेंगे :-

Personal survival technique :- सेक्शन A - VI /1 STCW में इसका वर्णन किया गया है |

जो परिचय कराता है सीफरेर का मूल सुरक्षा और सावधानियों का समुद्र में |

इसमें हम सीखते हैं कि :-

लाइफ - जैकेट पहनने का सही तरीका |

इमर्शन - सूट पहनने का सही तरीका |

सेफ्टी जम्प ,ऊंचाई से पानी में |

लाइफ - राफ्ट में कूदना |

लाइफ- जैकेट पहनकर तैरना |

बिना लाइफ - जैकेट के तैरना |

सर्वाइवल क्राफ्ट में घुसना |

सर्वाइवल क्राफ्ट उपकरणों का प्रयोग |

रेडियो तथा लोकेशन उपकरणों का प्रयोग |

सर्वाइवल तकनीक कि ट्रेनिंग करते कैडेट्स

Fire prevention and fire fighting :- STCW रेगुलेशन VI / 1 के सेक्शन A -VI /1-2 में इसका वर्णन है |

इस ट्रेनिंग का उद्देश्य है कि आग लगने की स्थिति में सही एक्शन लिया जाए , जिससे लोग और जहाज दोनों ही सुरक्षित रहे |

"याद रखें आप तब तक सुरक्षित हैं जब तक जहाज सुरक्षित है , जहाज ही आपका घर है |"

इस ट्रेनिंग में हम सीखेंगे :-

फायर- फाइटिंग उपकरणों का प्रयोग |

फायर लगने के कारण |

फायर के प्रकार |

फायर अलार्म और फायर डिटेक्शन |

फायर मैन ऑउटफिट पहनना , इत्यादि |

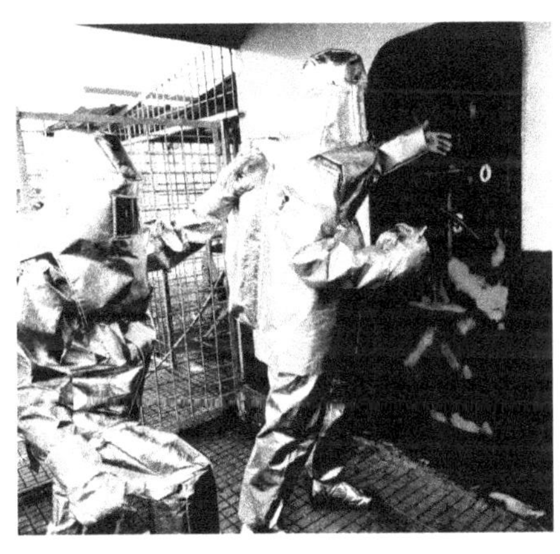

फायर फाइटिंग की ट्रेनिंग करते हुए कैडेट्स

Personal safety and social responsibility :- STCW के सेक्शन A -VI / 1 -4 में इसका उल्लेख है | इसका उद्देश्य :

शिप का परिचय कराना |

मूलभूत सेफ्टी ट्रेनिंग देना |

सुरक्षित कार्यप्रणाली स्थापित करना , इत्यादि |

Elementary first- aid :- STCW के टेबल A -VI /1 -3 , 2010 में इसका विवरण है |

इस ट्रेनिंग का उद्देश्य ;

शरीर के विभिन्न भागों और उनके कार्यों को समझना |

इमरजेंसी में एक्शन लेना , जैसे कि ;

जख्मी की पोजीशन |

खून का स्राव रोकना |

हार्ट अटैक की घटना होने पर एक्शन लेना |

बेहोशी के हालत में एक्शन लेना , इत्यादि |

इनके अलावा बहुत से दूसरे कोर्सेज भी हैं , जैसे पायरेसी अटैक , एनवायरनमेंट प्रोटेक्शन इत्यादि |

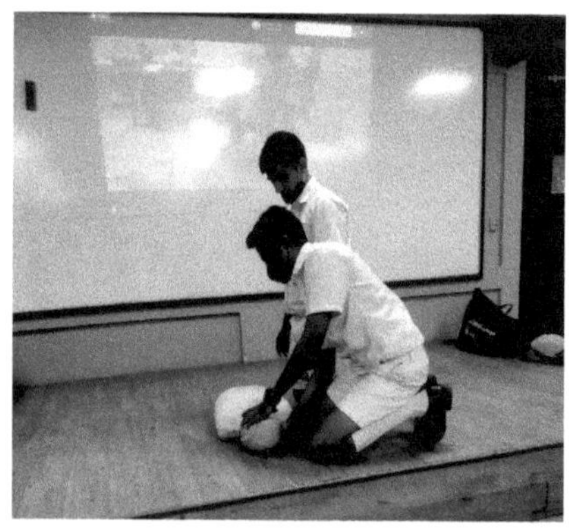

फर्स्ट ऐड कि ट्रेनिंग लेते हुए कैडेट्स

8

SOLAS और IMO - परिचय

SOLAS :- सेफ्टी ऑफ़ लाइफ एट सी |

SOLAS प्रथम संस्करण वर्ष 1914 में टाइटैनिक दुर्घटना के बाद आया |

दूसरा संस्करण वर्ष 1929 , तीसरा संस्करण 1948 तथा चौथा संस्करण 1960 में प्रकाश में आया |

टाइटैनिक फिल्म में हिमने देखा कि लाइफ बोट और लाइफ जैकेट की संख्या कम थी |

हज़ारों ने दर्दनाक मौत देखी , यहीं से जन्म होता है SOLAS का |

SOLAS में वे सभी नियम और क़ानून वर्णित हैं जिससे लोग ,जहाज और पर्यायवरण सुरक्षित रहे |

SOLAS के अंतर्गत जहाज की संरचना , मशीनें , इलेक्ट्रिकल उपकरण , फायर उपकरण , लाइफ- सेविंग उपकरण, रेडियो कम्युनिकेशन तथा नेविगेशन सेफ्टी सम्मिलित हैं |

प्रति वर्ष जहाज पर होने वाली प्रतिकूल परिस्थितियों का ब्यौरा रखना तथा उसके अनुरूप नए रेगुलेशन बनाना SOLAS के अंतर्गत आता है |

IMO :- अन्तर्राष्ट्रीय समुद्री संगठन (International maritime organisation) , संयुक्त राष्ट्र संघ की एक विशिष्ट एजेंसी है जो जलयानों के यातायात को नियंत्रित करने के लिए अधिकृत है |

इसका मुख्यालय लन्दन में है |

IMO के 4 मुख्य स्तम्भ माने गए हैं :-

SOLAS

STCW

MLC

MARPOL

SOLAS और STCW के बारे में हम पढ़ चुके हैं |

अब हम MLC तथा MARPOL के बारे में पढेंगे |

MLC,2006 :- मेरीटाइम लेबर कन्वेंशन |

इस संस्था का उद्देश्य :-

शिपिंग में जबरन मजदूरी को रोकना |

संघ को स्वतन्त्रता प्रदान करना |

सभी को सामान पारिश्रमिक प्रदान करना |

शिपिंग ज्वाइन करने के लिए न्यूनतम आयु निर्धारित करना |

बाल-श्रम को रोकना , इत्यादि |

MARPOL:- MARPOL दो शब्दों से मिलकर बना है :- MAR+ POL

यहाँ MAR से तात्पर्य MARINE से है और POL से तात्पर्य POLLUTION से है |

इसका उद्देश्य सीफरेर को प्रदूषण से अवगत कराना है |

आने वाले सभी नए नियमों से अवगत कराना है |

सबसे महत्वपूर्ण छोटे से छोटे नियमों को समझाना है जिससे जहाज पर जुर्माना ना लगे या जहाज को सेवा से बाहर ना किया जाए |

वर्तमान MARPOL कन्वेंशन सम्मिलित रूप है , 1973 के कन्वेंशन और 1978 के प्रोटोकॉल के |

MARPOL 2 अक्टूबर ,1983 को सुचारू रूप से लागू हुआ |

यहाँ हम MARPOL के कुछ नियमों को पढेंगे जिन्हें हम एनेक्स कहते हैं |

एनेक्स I :- रेगुलेशन फॉर द प्रिवेंशन ऑफ़ पोल्यूशन बाई ऑइल |

एनेक्स II :- रेगुलेशन फॉर द कण्ट्रोल ऑफ़ पोल्यूशन न्य नक्शयास सब्सटांस इन बल्क |

एनेक्स III :- रेगुलेशन फॉर द प्रिवेंशन ऑफ़ पोल्यूशन बाई हार्मफुल सब्सटांस कैरीद बाई सी इन पैकेज्ड फॉर्म |

एनेक्स IV:- रेगुलातिओंस फॉर द प्रिवेंशन ऑफ़ पोल्यूशन बाई सीवेज फ्रॉम शिप्स |

एनेक्स V:- रेगुलेशन फॉर द प्रिवेंशन ऑफ़ पोल्यूशन बाई गार्बेज फ्रॉम शिप्स |

एनेक्स VI :- रेगुलेशन फॉर द प्रिवेंशन ऑफ़ एयर पोल्यूशन फ्रॉम शिप्स |

<u>एनेक्स I</u>

<u>स्पेशल एरिया :-</u> स्पेशल एरिया वो एरिया हैं जहाँ ओसानोग्राफी और इकोलॉजिकल कारणों से ऑइल का प्रदूषण बिलकुल मना है |

ऐसे एरिया के नाम इस प्रकार हैं :-

रेड सी

बाल्टिक सी

ब्लैक सी

पर्शियन सी

गल्फ ऑफ़ अदेन

मेडिटरेनीयन सी

नार्थ वेस्ट यूरोपियन वाटर्स

अन्टार्टिक एरिया

ओमान एरिया ऑफ़ द अरेबियन सी

साउथर्न साउथ अफ्रीकन वाटर्स

ORB :- ऑइल रिकॉर्ड बुक |

इस पुस्तक में ऑइल का सारा हिसाब रखना जरूरी होता है |

जैसे कितना ऑइल शिप पर है , कितना ऑइल एक टैंक से दूसरे टैंक में ट्रान्सफर किया और यदि ऑइल स्पील हुआ हो तो वो भी रिकॉर्ड रखना जरूरी है ,ऐसा ना करने पर बड़े जुर्माने के साथ साथ जेल का भी प्रावधान है |

OWS एक महत्वपूर्ण उपकरण है जो ऑइल डिस्चार्ज के ppm को नियंत्रित रखता है |

यह ऑइल फ्यूल ऑइल या लुब्रिकातिंग ऑइल हो सकता है |

मशीनरी ऑपरेशन में इस्तेमाल होने वाले ऑइल का ब्योरा रेगुलेशन 17 में वर्णित है तथा कार्गो से सम्बंधित ऑइल का ब्योरा रेगुलेशन 36 में वर्णित है |

SOPEP :- SHIPBOARD OIL POLLUTION EMERGENCY PLAN.

ऑइल स्पील हो जानी कि स्थिति में क्या करना है इसका वर्णन सोपेप में किया गया है |

रेगुलेशन 37 में बताया गया है कि ऐसी स्थिति में किसको रिपोर्ट करना है , अथॉरिटी को इन्फॉर्म कैसे करें |

शिप का जनरल अरेंजमेंट कैसा है तथा सोपेप लाकर कहाँ है |

सोपेप लाकर में ऑइल रोकने के लिए ड्रम , बाल्टियाँ , ऑइल सोखने वाले कपडे इत्यादि रखे होते हैं |

एनेक्स II

Regulation for the control of noxious liquid substances in bulk .

इन पदार्थों को इस प्रकार बांटा गया है ;

केटेगरी X :- प्रमुख खतरा |

इस पदार्थों को पानी में प्रवाहित करना निषिद्ध है |

केटेगरी Y :- ख़तरा |

इन पदार्थों को सीमित मात्रा में प्रवाहित किया जा सकता है |

केटेगरी Z :- अल्प खतरा |

इन्हें पानी में प्रवाहित करने पर कम कठोरता है |

अन्य पदार्थ :- कुछ ऐसे पदार्थ भी होते हैं जो इन तीनो केटेगरी में नहीं आते हैं |

इन पदार्थों से मरीन प्रदूषण नै होता इसलिए ये पदार्थ एनेक्स II के अंतर्गत नहीं आते हैं |

CRB :- कार्गो रिकॉर्ड बुक |

यदि जहाज पर कोई ऐसा पदार्थ है जो एनेक्स II के अंतर्गत आता है तो CRB को भरना पड़ेगा तब जब ;

कार्गो लोडिंग के समय |

इंटरनल कार्गो ट्रान्सफर के समय |

कार्गो टैंक कि सफाई के समय |

किसी दुर्घटना के इन पदार्थों के डिस्चार्ज हो जाने पर |

SMPEP :- Shipboard marine pollution emergency plan .

इसमें इन पदार्थों के एक्सीडेंटल डिस्चार्ज से निपटने के प्लान दिए गये होते हैं |

एनेक्स III

Regulation foe the prevention of pollution by harmful substances carried by sea in packaged form .

हार्मफुल पदार्थ वे पदार्थ हैं जिन्हें International maritime dangerous goods code में व्याख्या की गयी है |

इन पदार्थों को ले जाने के लिए इन पदार्थों पर प्रॉपर मार्क होना चाहिए की इन्हें हार्मफुल पदार्थ हैं , उचित तरीके से पैक होना चाहिए जिससे कि मरीन वातावरण प्रदूषित ना हो |

एनेक्स IV

Regulation for the prevention of pollution by sewage from ships

SEWAGE :- टॉयलेट , मेडिकल स्थानों जैसे वश बेसिन , वश टब ,यूरिनल इत्यादि से निकलने वाले पानी को सीवेज कहते हैं |

इसस पानी को सीधे समुद्र में डिस्चार्ज नहीं किया जाता है |

इसके लिए हर शिप पर सीवेज ट्रीटमेंट प्लांट का होना जरुरी है |

स्पेशल एरिया :- सीवेज का डिस्चार्ज स्पेशल एरिया में मना है विशेषकर पैसेंजर जहाजों के लिए |

स्पेशल एरिया में डिस्चार्ज तभी हो सकता है जब जहाज चल रही हो और प्रशासन से मान्यता प्राप्त सीवेज ट्रीटमेंट प्लांट जहाज पर हो |

पैसेंजर शिप्स के सीवेज ट्रीटमेंट प्लांट में फॉस्फोरस और नाइट्रोजन हटाने के लिए विशेष प्रबंध होता है |

एनेक्स IV के लिए स्पेशल एरिया बाल्टिक सी है |

एनेक्स V

Regulation for the prevention of pollution by garbage from ships

गार्बेज के लिए स्पेशल एरिया :-

मेडिटरेनीयन सी

बाल्टिक सी

ब्लैक सी

रेड सी

द गल्फ एरिया

द नार्थ सी एरिया

अन्टार्टिक एरिया

द वायडर कॅरीबीयन रीजन

हर जहाज पर गार्बेज रिकॉर्ड बुक (GRB) होता है जिसमें गार्बेज का ब्यौरा लिखा जाता है |

गार्बेज हैंडल करने के लिए कोम्पक्टोर्स और इनसिनेरेटर का इस्तेमाल किआ जाता है |

आइये एक नज़र गार्बेज पर डालते हैं जिन्हें मरीन वातावरण में डिस्चार्ज नहीं किया जाता :-

प्लास्टिक

फ़ूड वेस्ट

डोमेस्टिक वेस्ट

कुकिंग ऑइल

इन्सिनरेटर एशेज

कार्गो अवशेष

फिशिंग गियर

क्लीनिंग एजेंट इत्यादि |

एनेक्स VI :- वायु प्रदुषण रोकथाम के लिए |

इन सभी एनेक्स को आप सिलेक्शन होने के बाद गहराई से पढेंगे |

यह बात उल्लेखनीय है कि " MARPOL" के नियमों का पालन ना करने पर कंपनियों को ब्लैकलिस्ट , लाखों रुपयों का जुरमाना और परिशिथतियों में जेल का भी प्रावधान है |

9

GMDSS- एक परिचय

GMDSS का पूरा नाम ग्लोबल मेरीटाइम डिस्ट्रेस सेफ्टी सिस्टम है |

GMDSS अन्तर्राष्ट्रीय समुद्री संगठन (IMO) द्वारा समुद्री सम्मलेन (SOLAS), 1974 में जीवन कि सुरक्षा द्वारा अंतरराष्ट्रीय स्तर पर जहाज़ों के लिए अनिवार्य है , जैसे कि 1988 में संशोधित किया गया था , और एक अन्तर्राष्ट्रीय संधि का बल रखता है |

GMDSS स्वचालित संकट चेतावनी और उन मामलों में पता लगाने के लिए प्रदान करता है जहां एक रेडियो ऑपरेटर के पास SOS कॉल भेजने का समय नहीं होता है और पहली बार जहाजों को समुद्री सुरक्षा सूचना के प्रसारण कि आवश्यकता होती है जो आपदा को होने से रोक सकते हैं |

यह उपकरण जहाज को निकटतम कोस्ट स्टेशन से जोड़ने तथा उन्हें आपातकाल सिग्नल भेजने में सछम होते हैं |

इस अध्याय में हम इनमें से कुछ GMDSS उपकरणों की आवश्यकता को समझेंगे |

आपकी जानकारी के लिए यहाँ हम लगभग उन सभी उपकरणों के नाम डे रहे हैं जो मंकी आइलैंड (जहाज का सबसे उपरी भाग) पर देखने को मिलेगा |

इन उपकरणों का उपयोग डिस्ट्रेस सिग्नल भेजने और नेविगेशन में होता है :-

ट्रांसमीटर फॉर टेम्परेचर , प्रेशर एंड हुमिदिटी

इरीडियम ऐन्टेना

यु .एच.एफ. ऐन्टेना

वी . सैट

साउंड रिसेप्शन माइक

वी. डी . आर .

सॅटॅलाइट लाग ऐन्टेना

मैग्नेटिक कंपास

एनीमोमीटर ट्रांसमीटर

एस . बैंड राडार

एक्स बैंड राडार

डी. जी. पी . एस . नेविगेटर ऐन्टेना

NAVTEX रिसीवर ऐन्टेना

EPIRB

SART इत्यादि |

आइये इनमे से हम कुछ उपकरणों को हम समझते हैं :-

BNWAS :- ब्रिज नेविगेशन वाच अलार्म सिस्टम |

यह एक उपकरण है जो अलार्म उत्पन्न करने के काम में आता है |

यदि वाच ऑफिसर / ड्यूटी ऑफिसर ब्रिज पर सो जाए , मौजूद न हो या किसी कारणवश वाच करने में सछम ना हो तो BNWAS अलार्म देता है |

जब शिप ऑटो पायलट पर चलता है तो BNWAS भी एक्टिव हो जाता है |

IMO के अनुसार BNWAS में एक निष्क्रिय स्टेज और तीन अलार्म स्टेज होना आवश्यक है |

इसके अलावा नॉन - पैसेंजर जहाज़ों में सेकंड स्टेज छोड़ा जा सकता है |

आइये हम आगे तीनों अलार्म स्टेज को समझते हैं :-

स्टेज 1 :- जब जहाज ऑटो पायलट में चल रहा हो तो यह आवश्यक है कि ऑफिसर अपनी उपस्थिति दर्जा कराये \

इसके लिए BNWAS में 3 से 12 मिनट्स के बीच लाइट फ़्लैश होता है , ब्रिज ऑफिसर मोशन सेंसर के सामने हाथ हिलाकर या फिर BNWAS पर बने पुश बटन एकनॉलेज दबाकर अपनी उपस्थिति दर्ज कराते हैं |

स्टेज 2 :- यदि प्रथम स्टेज में अलार्म स्वीकार नहीं किया जाता है तो 15 सेकंड के बाद ऑडीबल अलार्म ब्रिज पर आना सुरु हो जाता है |

यदि अब भी अलार्म स्वीकार नहीं किया गया तो गले 15 सेकंड में यह अलार्म कैप्टन और चीफ ऑफिसर के केबिन में आने लगेगा |

अब कप्तान या चीफ ऑफिसर में से कोई एक ब्रिज पर जाकर अलार्म स्वीकार करेगा और अलार्म स्वीकार न करने के कारणों का पता लगाएगा |

स्टेज 3 :- यदि कप्तान और चीफ ऑफिसर में से कोई भी अलार्म स्वीकार नहीं करता है तो एक निर्धारित समय के अन्दर (90 सेकंड से 3 मिनट) तक यह अलार्म सभी के केबिन में बजना शुरू हो जायेगा |

जिसमे सभी सदस्य सतर्क हो जाएँ और ब्रिज पर देखें की क्या समस्या है |

AIS :- इसका पूरा नाम " आटोमेटिक आइडेंटिफिकेशन सिस्टम " है |

यह एक उपकरण है जो आस- पास के जहाजों पर नज़र रखता है |

यह VHF मोबाइल मेरीटाइम बैंड में काम करता है |

यदि आपकी शिप पर AIS लगा है तो नज़दीक के जहाज भी स्क्रीन पर आपकी जहाज देख सकते हैं |

अगर जहाज AIS नहीं लगा है या ऑफ है तो कोई भी जानकारी का आदान - प्रदान नहीं होता |

किसी भी जहाज पर AIS हर समय ऑन रहना चाहिए जब तक कि कप्तान सुरक्षा की दृष्टिकोण से बैंड करने के आदेश ना दे |

AIS का उद्देश्य नेविगेशन में सहायता प्रदान करना है |

तटों पर "VESSEL TRAFFIC SERVICES" होते हैं जो AIS की सहायता से ही जहाज की पहचान और उनके पोजीशन का पता लगाते हैं |

ARPA:- स्वचालित राडार प्लोटिंग सहायता (AUTOMATIC RADAR PLOTTING AID) छमता वाला एक समुद्री राडार है |

यह ऑब्जेक्ट के पाठ्यक्रम , गति और दृष्टिकोण के निकततम बिंदु की गणना कर सकता है , जिससे यह पता चलता है कि क्या दूसरे जहाज या लैंड मास के साथ टकराव का खतरा है |

NAVTEX:- NAVTEX का पूरा नाम नेविगेशन टेलेक्स है |

NAVTEX एक अन्तर्राष्ट्रीय स्वचालित आवृति (518 KHz) डायरेक्ट - प्रिंटिंग सेवा है जो नेविगेशन और मौसम सम्बन्धी चेतावनियों और पूर्वानुमान के विवरण के साथ - साथ जहाजों को तत्कालीन समुद्री सुरक्षा जानकारी प्रदान करती है |

EPIRB :- इमरजेंसी पोजीशन इंडीकेटिंग रेडियो बीकन |

यह एक महत्वपूर्ण डिस्ट्रेस उपकरण है |

यदि किसी कारणवश जहाज डूबने वाली हो और जहाज का क्रू डिस्ट्रेस सिग्नल भेजने में असमर्थ हो तो EPIRB हाइड्रोलिक प्रेशर से क्रियान्वित हो जाता है और डिस्ट्रेस सिग्नल स्वतः भेज देता है |

10

इंजन रूम कि यात्रा

इस अध्याय को जोड़ने का उद्देश्य सिर्फ पाठक / कैंडिडेट को डीण रूम से परिचित कराना नहीं है बल्कि जब आप अपने इंटरव्यू के लिए जायेंगे तो इस पुस्तक के अध्याय "GMDSS- एक परिचय " और " इंजन रूम कि यात्रा " इंटरव्यू में महत्वपूर्ण भूमिका निभाएंगे |

आइये हम एक - एक करके कुछ महत्वपूर्ण मशीनरी के बबरे में संछिप्त रूप से समझते हैं |

मैंन इंजन :- जहाजों पर लगे समुद्री इंजन पोत को एक बंदरगाह से दूसरे बंदरगाह तक ले जाने के लिए ज़िम्मेदारी होती है \

चाहे वह तटीय इलाके में चलने वाला एक छोटा जहाज हो या एक विशाल अन्तर्राष्ट्रीय जल यात्रा हो , प्रणोदन के उद्देश्य के लिए जहाज पर 2- स्ट्रोक का एक समुद्री इंजन लगाया जाता है |

समुद्री इंजन ऊष्मा इंजन है जिनका उपयोग इंजन को जलाने से उत्पन्न ऊष्मा को उपयोगी कार्य में परिवर्तित करने के लिए किया जाता है , अर्थात तापीय उर्जा विकसित करना और इसे यांत्रिक उर्जा में बदलना |

जहाज पर इस्तेमाल किये जाने वाले इंजन आतंरिक दहन-इंजन होते हैं |

जिसमे दहन इंजन सिलिंडर के अन्दर होता हैनं और दहन प्रक्रिया के बाद गर्मी उत्पन्न होती है |

औक्सिलिअरी इंजन :- विद्युत् शक्ति का उत्पादन करने के लिए जहाज पर 4- स्ट्रोक इंजन स्थापित किया जाता है |

यह आल्टरनेटर से जुड़े होते हैं जोकि इंजन की यांत्रिक उर्जा को विद्युत् उर्जा में बदलता है |

फ्रेश वाटर जनरेटर :- ताज़े पानी का जनरेटर , समुद्री जल के खारे पानी को ताज़े पानी में परिवर्तित करता है |

फ्रेश वाटर जनरेटर (FWG) कई समुद्री जहाजों पर एक आम साईट है क्युकी इसमें उन्हें समुद्र में ताज़ा पानी उत्पन्न करने की अनुमति मिलती है |

आसवन के माध्यम से ताज़ा पानी पैदा करने की प्रक्रिया हासिल के जाती है |

समुद्री जल से ताज़ा पानी उत्पन्न करने के लिए तीन मुख्या विधियाँ कार्यरत हैं :-

वाष्पीकरण

उबालना

रिवर्स ओसमोसिस

अधिकांश समुद्री जहाजों और औद्युगिक संयंत्र वाष्पीकरण कर्ताओं या RO संयंत्रों का उपयोग करके ताज़ा पानी का उत्पादन करते हैं |

एक FWG में निम्नलिखित मुख्या घटक होते हैं :-

गर्म और ठन्डे पानी का कनेक्शन

कंडेंसर

दिमिस्टर

ताज़े पानी का पंप

एजेक्टर

तापमान सेंसर

सलिनोमीटर

कम दबाव वाले फ़्लैश वाष्पीकरण समुद्री जल और गर्म पानी की व्यवस्था से जुड़े होते हैं |

समुद्री जहाजों पर , समुद्री जल सीधे समुद्र कि छाती (sea chest) से लिया जाता है जबकि गर्म पानी इंजन जैकेट कल प्रणाली (इंजन कुलिंग वाटर सिस्टम) से प्राप्त किया जाता है |

FWG के उपरी हिस्से में कंडेंसर प्लेट हीट एक्सचंजर होता है |

कंडेंसर समुद्री जल को एक बैंड प्रणाली हीट एक्स्चंगेर से गुजरने की अनुमति देता है |

वाष्पीकरणकर्ता एक बैंड प्रणाली में गर्म पानी को हीट एक्सचेंजर से गुजरने के अनुमति देता है |

संघनित्र और वाष्पीकरण कर्ता दोनों पूरी तरह से सील किये गए ताप विनिमायक नहीं है , गैस्केट को संशोधित किया जाता है ताकि समुद्री जल

वाष्पीकरण कर्ता प्लेटों से वाष्पित हो सके और ताज़ा पानी संघनित्र प्लेटों पर संघनित्र हो सके |

यहाँ यह बात गौर करने वाली है कि पानी का वाष्पीकरण 100 डिग्री सल्सियस पर होता है , जबकि इंजन से मिलने वाले पानी का तापमान मात्र ८० डिग्री सेल्सियस ही होता है |

इस तापमान पर जल का वाष्पीकरण करने के लिए खो के भीतर वैक्यूम बनाया जाता है जिसके लिए एजेक्टर पंप का प्रयोग किया जाता है |

थर्मामीटर और PT 100 सेंसर का उपयोग करके शैल , समुद्री जल प्रणाली और जैकेट जल प्रणाली के भीतर तापमान की लगातार निगरानी की जाती है |

एक सलिनोमीटर उत्पन्न ताज़े पानी के लवणता को मापता है |

यदि ताज़े पानी मेंन बहुत अधिक लवणता है तो इसे अस्वीकार कर दिया जाता है |

यदि ताज़ा पानी सीमा के भीतर है (आमतौर पर < 10 ppm), तो इसे ताज़े पानी के भण्डारण टैंक में जाता है |

FWG के बाद सीधे ताज़े पानी को डिस्टिल्ड वाटर कहा जाता है और इसका उपयोग धोने और सफाई आदि के लिए किया जाता है |

पानी का pH मान को ठीक करना , फिर इसे एक मिनेरलाईजर और बैक्टीरिया उपचार संयंत्र से गुजराना , पीने योग्य पानी का उत्पादन करता है |

इमरजेंसी जनरेटर:- यदि जहाज पर किसी कारणवश सभी जनरेटर विद्युत् उत्पादन करने में असमर्थ हो जाए तो इसे हम "ब्लैकआउट " कहते हैं |

इस स्थिति में हमारा इमरजेंसी जनरेटर स्वतः लोड पर आ जाता है और विद्युत् उत्पन्न करता है |

इमरजेंसी जनरेटर की पॉवर रेटिंग कम होती है इसलिए इससे पूरे जहाज को पॉवर नहीं दिया जा सकता तो यह कुछ इमरजेंसी लोड जैसे कि इमरजेंसी लाइट्स , इमरजेंसी फायर पंप GMDSS उपकरण ,फायर अलार्म सिस्टम इत्यादि |

अगर किसी कारण वश इमरजेंसी जनरेटर भी स्टार्ट ना हो तो इसे हम "डेड शिप " कंडीशन कहते हैं |

इन्ही कारणवश इमरजेंसी जनरेटर स्टार्ट करने करने के दो तरीके का होना आवश्यक है ,जिनमें से एक बैटरी स्टार्ट और दूसरा नयूमटिक या हाइड्रोलिक स्टार्ट हो सकता है |

इसी कारणवश जहज पर प्रत्येक हफ्ते दोनों तरीकों से इमरजेंसी जनरेटर स्टार्ट करके चेक करते हैं |

एक कार्गो जहज का इमरजेंसी जनरेटर 18 घंटे सछम होना चाहिए पॉवर देने के लिए जबकि पैसेंजर जहाज 36 घंटों तक पॉवर देने में सछम होना चाहिए | यहाँ यह बात करना महत्वपूर्ण है कि ब्लैकआउट होने के 45 सेकंड के अन्दर इमरजेंसी जनरेटर लोड पर आ जाना चाहिए |

यदि मेन जनरेटर पर किसी कारणवश लोड बढ़ जाता है तो ऐसा नहीं है कि जनरेटर सीधे ट्रिप हो जाता है और इमरजेंसी जनरेटर लोड पर आ जाता है |

इमरजेंसी जनरेटर के लोड पर आने से पहले प्रेफेरेंतिअल ट्रिप होता है जिससे मेंन जनरेटर पर लोड कम हो सके |

प्रथम स्टेज ट्रिप :- एयर कंडीशन और वेंटिलेशन 5 सेकंड में बैंड हो जायेगा |

द्वितीय स्टेज ट्रिप :- रेफ्रीजरेशन अगले 10 सेकंड में बैंड हो जायेगा |

तृतीय स्टेज ट्रिप :- डेक उपकरण अगले 15 सेकंड में बैंड हो जायेगा |

इसके अलावा प्रमुख मशीनरी प्रोविजन प्लांट जहां क्रू का खाना स्टोर किया जाता है |

बायलर ,एलीवेटर ,एंटी - हीलिंग सिस्टम इत्यादि होते हैं |

प्रोविजन प्लांट में सामान्यतः 3 कमरे होते हैं :-

1:- वेज रूम , इसका तापमान 5 डिग्री सेल्सियस होता है |

इसमें फल , हरी सब्जियां 1 से 2 महीने के लिए स्टोर रखते हैं |

2:- मीट रूम , इसका तापमान लगभग -18 डिग्री सेल्सियस रखते हैं |

इसमें चिकन और मटन को सुरक्षित रखा जाता है |

3:- फिश रूम , इसका तापमान लगभग -16 डिग्री सेल्सियस रखते हैं इस तापमान पर मछलियाँ सुरक्षित रहती हैं |

अब अगर आपके मन में यह बात हो कि मैं तो जहाज पर 6 से 7 महीने के लिए रहूँगा तो "हाँ " और इस अवधि में हग लगभग 2 से 3 बार किसी नज़दीकी पोर्ट से अपने खाने का सामान लेंगे और फिर जहाज निकल जाएगी 1 से 2 महीने के लिए अपनी सुखद यात्रा के पर |

यहाँ यह बात भी बताना चाहूँगा कि ऑफिसर और इंजीनियर ग्रेड के व्यक्ति जहाज की छमता के अनुसार अपने परिवार को कुछ समय के लिए ला सकते हैं |

11

इंटरव्यू

आइये ,अब हम इस पुस्तक के आखिरी और महत्वपूर्ण अध्याय पर चलते हैं |

लिखित परीक्षा उत्तीर्ण करने के बाद अब आपका सामना इंटरव्यू से होगा |

इंटरव्यू इस बात पर बहुत हद तक निर्भर करता है कि आपने किस पद के लिए आवेदन किया है और उस पद से सम्बंधित आपका ज्ञान कैसा है |

इसके अलावा चयन इस बात पर भी निर्भर करेगा कि आपको शिप का ज्ञान थोडा बहुत भी है या नहीं |

यदि आप इस पुस्तक के दो अध्यायों "GMDSS- एक परिचय " तथा " इंजन रूम कि यात्रा " को पढ़कर जाते हैं और इंटरव्यू में बताते हैं तो यह पर्याप्त होगा या कहें पर्याप्त से भी ज्यादा होगा आपके चयन प्रक्रिया के लिए |

इसके अलावा एक कैंडिडेट को करना चाहिए कि वह इंटरव्यू में इंग्लिश भाषा का प्रयोग करे |

किसी भी इंटरव्यू में जो सबसे जरुरी है उसमें है आपका ज्ञान , आपकी निर्णय छमता और आपका ड्रेस कोड |

दरेस्स कोड कि बात करें तो आप गहरी काली फॉर्मल पतलूनऔर हलकी फॉर्मल वाइट शर्ट पहने |

एक फॉर्मल टाई सामान्यतः ब्लैक कलर की पहन सकते हैं |

यदि आप NCC या सैनिक स्कूल से पढ़ें हैं तो आप अपनी रेजिमेंटल टाई भी पहन सकते हैं |

फॉर्मल काले जूते पहने |

बाल अच्छी तरह से कटे हो |

और यह बहुत आवश्यक है की आप क्लीन शेव हों |

हाथ में घडी पहनना अच्छा होगा |

इंटरव्यू में पेन और रुमाल रखना ना भूलें |

अब आप तैयार हैं इंटरव्यू की शुरुवात के लिए |

इंटरव्यू रूम में जाने से पहले अन्दर आने कि आज्ञा मांगें और बैठने की अनुमति मिलने पर "थैंक यू ' कहकर अभिवादन करें |

मन शांत रखें और हलकी मुस्कराहट चेहरे पर बनाएं रखें यह आपके हाई कॉन्फिडेंस लेवल को दर्शाता है |

कुर्सी पर सीधे बैठें और हाथों को अपने घुटने पर रखें |

हर प्रश्न का उत्तर yes या no में न दें |

जैसे कि अगर आपसे पूछा जाए कि आपके मैथ्स में कुछ ख़ास मार्क्स नहीं हैं इस बात का उत्तर आप सिर्फ हाँ या ना में ना देकर कह सकते हैं कि उस समय मेरी रूचि साइंस के विषयों में ज्यादा थी जिसके कारण साइंस में मेरे बहुत अच्छे अंक आये पर मैथ्स में कम रह गये और जिसको सुधारने का काम मैंने भावी परिक्षाओं में किया |

आइये हम कुछ साधारण और महत्वपूर्ण प्रश्नों को देखते हैं जो कि कैंडिडेट्स से इंटरव्यू के समय पूछा जाता है :-

पहला प्रश्न :-

Tell me something about youself ?

यह प्रश्न आपसे जरुर पूछा जायेगा |

आपको ध्यान रखना है कि इस प्रश्न का उत्तर आप तैयार करके जाए और घर पर ही शीशे के सामने बोलकर तैयारी कर लें |

संभव हो तो खुद का विडियो रिकॉर्ड करें और देखें इससे आपको आत्म विश्लेषण करने का मौक़ा मिलेगा |

आइये हम उपरोक्त प्रश्न का उत्तर उदाहरण के रूप में देखते हैं :-

I am Rahul Negi

या

My name is Rahul Negi .

ध्यान दें अपना परिचय देते समय बहुत से लोग "Myself" शब्द का प्रयोग करते हैं जोकि गलत है |

"myself" शब्द का प्रयोग चर्चित व्यक्तियों के द्वारा किया जाना उचित होता है जैसे कि :-

"Myself Amitabh Bachchan" अर्थात लोग मुझे अमिताभ बच्चन के नाम से जानते हैं |

आइये आगेव समझते हैं ;

1:- Thank you for providing me the opportunity to introduce myself .

2:- My name is Rahul Negi .

3:- My native place is the "School cpaital of India , Dehradun ."

4:- I have completed my B.Tech in Electrical and electronics engineering from NIT, Patna .

5:- I was the meber of my college anjual fest and also achieved NCC "C" certificate during my graduation .

6:- My hobbies are reading books and doing Yoga .

यह सिर्फ एक उदाहरण मात्र है |

ओनी रुचियाँ वाही बताएं जो वास्तव में आपकी रुचियाँ हैं और जिनका आपको उचित ज्ञान हो |

सबसे पहले नाम , जन्म स्थान ,एजुकेशन ,अचीवमेंट और अंत में अपनी रुचियाँ बताएं |

प्रश्न 2 :-

What do you know about Merchant Navy ?

इस प्रश्न का उत्तर आपको बहुत अच्छे से देना होगा \

इस पुस्तक को पढने के बाद मैं आशा करता हु कि आपको मर्चेंट नेवी क्या है , कैसे काम करती है , कितने प्रकार के मुख्या समुद्री जहाज होते हैं , STCW ट्रेनिंग ,SOLAS और IMO की जानकारी और मुख्या रॉप से GMDSS उपकरणों ,इंजन रूम के महत्वपूर्ण मशीनरी का ज्ञान हो गया होगा |

यकीन मानिए अगर आप अपने इंटरव्यू में इन बातों का विवरण करते हैं तो आपका सिलेक्शन बहुत दूर नहीं होगा |

इंजीनियरिंग ग्रेजुएट्स कोशिश करेण कि आल्टरनेटर और 2-स्ट्रोक इंजन , 4-स्ट्रोक इंजन अच्छे से पढ़कर जाएँ |

प्रश्न 3 :-

What is your reason for wanting to join the Merchant Navy ?

इस प्रश्न का उत्तर सोचें |

बेशक मर्चेंट नेवी में वेतन अच्छी है और टैक्स मुक्त भी |

पर सिर्फ यही उत्तर देना काफी नहीं है |

इसका उत्तर आप इस प्रकार भी दे सकते हैं ;

1:- I want to join Merchant Navy because it gives me an opportunity to apply my technical skills.

2:- To raise my standard of living.

3:- Most important , adventures life with full of responsibilities which will be a perfect profession for me .

प्रश्न 4 :-

What are your long term goals ?

इस प्रश्न का उत्तर खुद से पूछे , पर याद रखे कि आप मर्चेंट नेवी के इंटरव्यू के लिए आये हैं तो आपका उत्तर भी उसी के अनुरूप हो |

अगर आप इंजीनियर हैं तो शायद आप मुख्य अभियंता बनना चाहें या आप नवीगटिंग ऑफिसर हैं तो कप्तान बनना चाहें |

सोचें और फिर उत्तर दें !

प्रश्न 5:-

What are your weaknesses and strength ?

यह एक संवेद शील प्रश्न है |

ऐसी कोई भी कमी आपके अन्दर ना हो जो मर्चेंट नेवी में आपकी कार्य कुशलता पर असर डाले |

जैसे कि ,

यदि आप नशे के आदि हैं तो मर्चेंट नेवी के रास्ते आपके लिए बंद हैं |

इस प्रश्न का उत्तर आप इस प्रकार दे सकते हैं कि ,

1:- As I am a sports -person so I have good physical strength .

2:- As I have told that I am a sports- person so I gelup with people soon .

3:- Trying to learn new things makes me more confident etc .

4:- If I talk about my weaknesses ,I am working to improve my communication skills little more .

प्रश्न 6 :-

Tell me about your family background ?

example :- We are 4 members in our family .

My father works in Uttar Pradesh Power corporation limited as a clerk , stationed at Kanpur.

My mother is a homemaker .

My eldet sister has completed her graduation in "Bachelor of Education " and she is teaching in Kendriya Vidyalaya ,Agra as assistant professor .

प्रश्न 7 :-

Joining merchant navy requires your presence on sea often .

You will be long way from your family .

How willl you cope with the feeling of being lonely onboard ?

इस प्रश्न का उत्तर देना बिलकुल भी कठीन नहीं है |

इस प्रश्न का उतार तो आपको तभी सोच लेना चाहिए जब अप्पने मर्चेंट नेवी ज्वाइन करने का सोचा था |

मर्चेंट नेवी ज्वाइन करने का निर्णय आपका खुद का है |

आप खाली समय में जहाज पर टी वी देख सकते हैं , जिम जा सकते हैं , कैरम खेल सकते हैं या आप अपनी पसंद की कुछ किताबें ले जाएँ और उन्हें पढ़ें |

आज के दौर में लगभग हर जहाज पर इन्टरनेट उपलब्ध है कुछ पर कम समय के लिए , पर उपलब्ध है जिससे आप परिवार से जुड़े रहेंगे |

प्रश्न 8:-

What is your personal relationship like ,how will you cope with your colleagues ?

इस प्रश्न का उत्तर बिलकुल संतोष जनक देना चाहिए |

आप बता सकते हैं कि मर्चेंट नेवी ज्वाइन करते समय ऐसी परिस्थितियाँ आएँगी इसलिए मैं उनके साथ अच्छा और लंबा समय बिताकर मर्चेंट नेवी ज्वाइन करने आया हूँ |

इन प्रश्नों के उदाहरण से आप समझ रहे होंगे कि आपसे किस प्रकार के प्रश्न पूछे जायेंगे |

इन प्रश्नों को पढ़ें , तैयार करें और शांत मन से अपने इंटरव्यू के लिए जाएँ |

12

महत्वपूर्ण प्रश्न

भारत के प्रमुख बंदरगाह :-

1:- जवाहर लाल नेहरु पोर्ट ट्रस्ट , महाराष्ट्र

2:- विशाखापत्तनम पोर्ट ट्रस्ट , आंध्र प्रदेश

3:- चेन्नई पोर्ट ट्रस्ट , तमिल नाडू

4:- कोच्चि पोर्ट ट्रस्ट , करेला

5:- मुंद्रा पोर्ट ट्रस्ट , गुजरात

6:- न्यू मंगलुरु पोर्ट ट्रस्ट , कर्नाटक

** भारत के कोस्टल लाइन की लम्बाई = 7,516.6 कि मी

विश्व के सबसे व्यष्ट बंदरगाह :-

1:- पोर्ट ऑफ शंघाई , चाइना

2:- पोर्ट ऑफ़ सिंगापुर

3:- पोर्ट ऑफ़ शेनजेन

4:- पोर्ट ऑफ़ होन्ग कोंग

5:- पोर्ट ऑफ़ बुसान

** जल का घनत्व = 997 किलो ग्राम /मीटर3

** समुद्री जल का घनत्व = 1029 किलोग्राम / मीटर3

समुद्री जल का घनत्व अधिक होने के कारण ही समुद्र में तैरना आसान होता है |

आर्क मिदिज का सिद्धांत :-

जब कोई वस्तु पूरी -पूरी या आंशिक रूप से किसी द्रव में डुबोई जाती है तो उसके भार में कमी आती है | यह कमी वस्तु द्वारा हटाये गए द्रव के भार के बराबर

होती है | बाहर में वह द्रव की उत्प्लावन बल के बराबर होती है |

उदाहरण के लिए , एक जहाज जिसे समुद्र में जब तैरने के लिए लाया जाता है , तो यदि उस जहाज का भार उसके द्वारा हटाये गए जल के भार के बराबर नहीं हो , तो वह जहाज पानी में डूब जायेगा |

इसलिए जहाज़ों को कुछ इस तरह खास डिजाईन किया जाता है कि जहाज के भार की तुलना में उसके द्वारा हटाये गए जल का भार अधिक होता हिया , तो इस तरह जल द्वारा जहाज को ऊपर की तरफ विश्थापित यानी उछाल बल लगता है , जिससे जल के ऊपर जहाज तैरता रहता है |

उत्प्लावन (Buoyancy) :-

जब किसी वस्तु को पानी में डुबोया जाता है तो एक बल इस वस्तु को बाहर की तरफ धकेलने का प्रयास करता है , इसी बल को उत्प्लावन बल कहते हैं |

न्यूटन के गति का नियम

पहला नियम :- यदि कोई वस्तु विरामावस्था में है तो वह विरामावस्था में ही रहेगी और गतिमान अवस्था में है तो गतिमान अवस्था में ही रहेगी , जब तक उसपर कोई बाह्य बल ना लगाया जाए |

न्यूटन का प्रथम नियम पदार्थ के एक प्राकृतिक गुण जड़त्व को प्रदर्शित करता है जो गति में बदलाव का विरोध करता है |

दूसरा नियम :- किसी वस्तु पर लगाये जाने वाला बल वस्तु के रैखिक संवेग के परिवर्तन के दर के समानुपाती होता है |

अतः यह न्यूटन के दूसरे नियम से स्पष्ट है कि बल , द्रव्यमान और त्वरण के गुणनफल के बराबर होता है |

बल = द्रव्यमान x त्वरण

बल का मात्रक " न्यू टन " अथवा " डाइन" होता है |

तीसरा नियम :- इस नियम के अनुसार " प्रत्येक क्रिया के बराबर , परन्तु विपरीत दिशा में प्रतिक्रिया होती है |"

अर्थात दो वस्तुओ की पारस्परिक क्रिया में एक वस्तु जितना बल दूसरी वस्तु पर लगाती है , दूसरी वस्तु भी विपरीत दिशा में उतना ही बल पहली वस्तु पर लगाती है |

इसमें एक बल को क्रिया और दूसरे बल को प्रतिक्रिया कहते हैं | इसलिए इस नियम को क्रिया -प्रतिक्रिया का नियम भी कहते हैं |

न्यूटन के तीसरे नियम के उदाहरण :-

1:- बंदूक से गोली छोड़ते समय पीछे की ओर झटका देना |

2:- नाव के किनारे पर से जमीन पर कूदने पर नाव का पीछे हटना |

3:- नाव खेने के लिए बांस से जमीन को दबाना |

4:- कुआ से पानी खीचते समय रस्सी टूट जाने पर व्यक्ति का पीछे गिर जाना |

5:- उचाई से कूदने पर चोट लगना |

6:- राकेट का आगे बढ़ना |

संवेग संरक्षण का नियम :-

न्यू टन के द्वितीय नियम के साथ न्यू टन के तीसरे नियम के संयोजन का एक बहुत ही महत्वपूर्ण परिणाम है - संवेग संरक्षण का नियम |

इस नियम के अनुसार " एक या एक से अधिक वस्तुओ के निकाय पर कोई बाहरी बल नहीं लग रहा हो , तो उस निकाय का कुल संवेग नियत रहता है |

इस कथन को संवेग संरक्षण का नियम कहते हैं |

ऊर्जा संरक्षण का नियम :-

किसी आयुक्त निकाय (isolated system) की कुल ऊर्जा समय के साथ नियत रहती है |

अर्थात " ऊर्जा का ना तो निर्माण संभव है न ही विनाश , केवल इसका रूप बदला जा सकता है |

उदाहरण के लिए ;

1:- लाउड स्पीकर में विद्युत् ऊर्जा को ध्वनि ऊर्जा में परिवर्तित किया जाता है |

2:- माइक्रोफोन में , ध्वनि ऊर्जा को विद्युत् ऊर्जा में परिवर्तित किया जाता है |

3:- एक जनरेटर में , यांत्रिक ऊर्जा को विद्युत् ऊर्जा में परिवर्तित किया जाता है |

4:- जब इंधन जलाया जाता है , तो रासायनिक ऊर्जा , उष्मा और प्रकाश ऊर्जा में परिवर्तित हो जाता है |

पास्कल का नियम :-

पास्कल के नियम के अनुसार " यदि किसी तरल (द्रव) के किसी एक भाग में दाब लगाया जाता है तो यह दाब द्रव के सभी भागों पर समान रूप से संचारित होता है |

पास्कल के नियम के कुछ उदाहरण :-

हाइड्रोलिक लिफ्ट

हाइड्रोलिक ब्रेक

हाइड्रोलिक प्रेस

दाब का मात्रक "पास्कल " या " बार " होता है |

1 बार = 1,00,000 पास्कल

ओम का नियम :-

ओम के नियम को 8 प्रकार के समीकरणों से व्यक्त किया जा सकता है |

परन्तु इस पुस्तक में हम सामान्य परिभाषा में ओम के नियम को व्यक्त करेंगे |

"यदि किसी चालक की भौतिक अवस्था जैसे ताप में कोई परिवर्तन न किया जाए तो चालक के सिरों पर लगाया गया विभवान्तर , उसमें प्रवाहित धारा के अनुक्रमानुपाती होता है |

$V = IR$

जहां ;

V= विभव / वोल्टेज

I= विद्युत् धारा / करंट

R= प्रतिरोध / रेजिस्टेंस

यह सूत्र " V=IR" का सम्बन्ध इस प्रकार आता है |

ओम के नियम अनुसार " धारा घनत्व (J) , विद्युत् छेत्र (E) के अनुक्रमानुपाती होता है |

केलोरिमिति का सिद्धांत :-

जब भिन्न -भिन्न ताप पर दो वस्तुएं एक दसूरे के संपर्क में लायी जाती हैं तो उष्मा का स्थानान्तरण अधिक ताप वाली वस्तु से कम ताप वाली वस्तु की ओर होता है और यह प्रक्रिया तब तक चलती रहती है जब तक कि दोनों ही वस्तुओं के ताप एक समान नहीं हो जाते |

न्यूटन का शीतलन नियम :-

जब कोई गर्म वस्तु वायु में ठंडी होती है तो वस्तु की उष्मा हानि की दर , वस्तु तथा उसके चारों के माध्यम के तापान्तर के अनुक्रमानुपाती होती है |

फ्लेमिंग का बायें हाथ का नियम :-

यदि हम अपने बायें हाथ के अंगूठे , बीचक की ऊँगली तथा सामने कि ऊँगली को इस प्रकार लम्बवत फैलाएं कि सामने की ऊँगली चुम्बकीय छेत्र की दिशा में , बीच की ऊँगली विद्युत् धरा की दिशा में रहे , तब अंगूठा चालक पर कार्य करने वाले बल की दिशा को प्रदर्शित करेगा |

फैराडे के विद्युत् चुम्बकीय प्रेरण सम्बन्धी नियम :-

1:- जब किसी बंद विद्युत् परिपथ में संलग्न चुम्बकीय फ्लक्स में परिवर्तन होता है तो विद्युत् परिपथ में एक विद्युत् वाहक बल प्रेरित होता है |

याक विद्युत् वाहक बल तभी तक ही उपस्थित रहता है , जब तक चुम्बकीय फ्लक्स में परिवर्तन होता रहता है | चुम्बकीय फ्लक्स के नियत हो जाने पर विद्युत् वाहक बल समाप्त हो जाता है |

2:- किसी बंद विद्युत् परिपथ में प्रेरित विद्युत् वाहक बल का मान चुम्बकीय फ्लक्स के परिवर्तन की समय दर के अनुक्रमानुपाती होता है |

स्टॉक्स का नियम:-

जब कोई वस्तु किसी द्रव में गिरती है तब उसपर दो प्रकार के बल कार्य करते हैं , जिसमें पहला बल वस्तु के भार की वजह से तथा दूसरा बल द्रव के कारण उत्पन्न उत्प्लावक बल की वजह से |

किर्चॉफ़ का नियम :- किर्चॉफ़ के दो नियम इस प्रकार हैं |

1:- संधि या धारा का नियम :-

किसी विद्युत् परिपथ में किसी भी संधि पर मिलने वाली धाराओं का बीजगणतीय योग शून्य होता है |

यह नियम " आवेश के संरक्षण को व्यक्त करता है |"

2:- पाश या वोल्टता का नियम :-

किसी विद्युत् परिपथ में प्रत्येक पाश के विभिन्न खण्डों में बहने वाली समस्त धाराओं तथा सांगत प्रतिरोधों के गुणनफलों की बीज गणीतिय योग , उस पाश में लगने वाले समस्त विद्युत् वाहक बलों के बीज गणीतीय योग के बराबर होता है |

यह नियम " ऊर्जा के संरक्षण " को व्यक्त करता है |

जो छात्र /छात्राएं CBSE/ICSE या किसी अन्य इंग्लिश मध्यम विद्यालय में पढाई कर रहे हैं तो हो सकता है उन्हें यह नियम पढने में थोड़ी परेशानी हो तो वह सभी छात्र / छात्राएं इन नियमों को अपनी टेक्स्ट बुक से पढ़ सकते हैं |

इंजीनियरिंग ग्रेजुएट्स से पूछे जाने वाले कुछ मूल प्रश्न निम्न लिखित हैं :-

1:- PLC क्या है ?

2:- इंजन कैसे काम करता है ?

3:- रेफरीजरेशन प्रोसेस से क्या समझते हैं ?

4:- सिंगल -फेज और 3- फेज में क्या अंतर है ?

5:- AC और DC में क्या अंतर है ?

6:- मोटर (AC) के स्टार्टर को समझाए ?

7:- अल्टरनेटर कैसे बिजली बनाता है ?

8:- बैटरी क्या है ?

9:- बैटरी चत्गिंग को समझायें ?

10:- एक्टिव , रिएक्टिव और अप्परेंट पॉवर क्या है ?

11:- डाइनेमो क्या है ?

12:- ट्यूब लाइट कैसे काम करती है ?

13:- वाल्व के प्रकार |

14:- बेअरिंग और पंप के प्रकार |

15:- कार का इंजन कैसे काम करता है ?

16:- विभिन्न प्रकार के ब्रेक्स |

17:- बायलर के प्रकार |

18:- थर्मो डायनामिक के नियम |

19:- न्यू मैटिक से क्या समझते हैं |

20:- सर्किट ब्रेकर क्या है ?

21:- एयर सर्किट ब्रेकर और वककयूम सर्किट ब्रेकर को समझाए |

22:- फ्यूज क्या है और कैसे काम करता है ?

23:- 3-फेज इंडक्शन मोटर का रोटेशन कैसे रोकें ?

24:- 3-फेज इंडक्शन मोटर का स्पीड कण्ट्रोल कैसे करते हैं ?

25:- 1-फेज इंडक्शन मोटर का रोटेशन कैसे बदलें ?

26:- पॉवर फैक्टर क्या होता है ?

27:- पॉवर फैक्टर कम या ज्यादा होने से पॉवर सिस्टम पर क्या फर्क पड़ता है ?

28:- टेम्परेचर सेंसर कैसे काम करता है ?

29:- मल्टीमीटर से कौन कौन से पैरामीटर चेक कर सकते हैं ?

30:- मेगर कैसे काम करता है ?

31:- इंसुलेटर और डाई-इलेक्ट्रिक क्या होता है ?

32:- फैन में कौनसा मोटर इस्तेमाल होता है ?

33:- ट्रांसफार्मर क्या होता है और कैसे काम करता है ?

34:- करंट ट्रांसफार्मर और पोटेंशियल ट्रांसफार्मर क्या होते हैं ?

35:- न्यूट्रल और ग्राउंडिंग में क्या अंतर है ?

36:- रिले क्या होता है ?

37:- IGBT क्या है ?

38:- ट्रांजिस्टर और डायोड क्या होते हैं ?

39:- आटोमेटिक वोल्टेज रेगुलेटर क्या होता है ?

40:- MOSFET और BJT क्या हैं ?

41:-इलेक्ट्रिक शॉक लगने पर क्या करना चाहिए ?

42:- इलेक्ट्रिक शॉक से बचने के उपाय |

43:- TRANSDUCER क्या होते हैं ?

44:- माइक्रोवेव ओवन कैसे काम करता है ?

45:- इन्वर्टर और UPS में अंतर |

46:- SMPS क्या होता है ?

47:- ओपन लूप और क्लोज लूप सिस्टम की होता है ?

48:- जनरेटर को पैरेलल कैसे करते हैं ?

49:- हाई वोल्टेज सिस्टम से क्या फायदे हैं ?

आभार

मैं आशा करता हूँ कि आप सभी को मर्चेंट नेवी के बारे में समझाने में सरलता होगी |

साथ - ही - साथ मैं यह भी आशा करता हूँ कि आप खूब अच्छे से पढाई कर रहे होंगे चाहे आप विद्यालय में हो या फिर कॉलेज में |

हम सब पर यह ज़िम्मेदारी है कि हम अपने आय के साधन ढूंढे |

इसके साथ ही साथ यह ज़िम्मेदारी और भी बढ़ जाती है कि हम अपने परिवार , माता - पिता और आने वाली पीढ़ियों को अच्छह भविष्य देते हुए राष्ट्र - निर्माण में योगदान दें |

समाज का शिक्षित वर्ग ही समाज और राष्ट्र के उत्थान में अपना योगदान दे सकता है |

इसलिए पढाई करें ना सिर्फ अपने लिए बल्कि साथ - ही - साथ एक सशक्त राष्ट्र निर्माण के लिए |

इस पुस्तक को मैंने बहुत ही सहज और सरल भाषा में लिखने का प्रयास किया है , जिससे हर व्यक्ति को पढने और समझने में सरलता हो |

किसी भी अन्य प्रश्नों और सुझावों के लिए आपका स्वागत है |

मार्ग दर्शन

** In the middle of every difficulty lies opportunity .

- Albert Einstein

** Everything that is done in the world is done by hope .

** We must accept finite disappointment , but never lose infinite hopes .

- Martin Luther King

** Opposition is important in life .

- Murli Krishna

(Electrical faculty)

Author :- Praveen Srivastava

Whatsapp:- +917459897248

Youtube :- Coffee , ship and engineering

JAI HIND , JAI BHARAT